SIMONE MILASAS

Radost
POSLOVANJA

uz značajan doprinos *Garyja M. Douglasa*
Prevele: Maja Doljak, Tea Frković

Izdavač:
Access Consciousness Publishing, LLC
www.accessconsciousnesspublishing.com
Drugo izdanje tiskano u Sjedinjenim Američkim Državama

Prvo izdanje, copyright © 2012 by Simone A. Milasas,
Izdavač: Big Country Publishing, LLC

O knjizi

Ova je knjiga za vas ako želite biti u biznisu i kreirati i generirati nešto potpuno drugačije za vas i planet. Biznis ili posao – kako god ga zvali – je golema sila u načinu na koji oblikujemo naš život, naše življenje i našu realnost. Blokira li vas uobičajeni način poslovanja, je li vam ograničen, dosadan i neprofitan? Ne mora tako biti. Što ako bi poslovanje moglo biti kreativno, generativno - i radosno? To je moguće!

Radost poslovanja govori o razlikama u poslovanju koje postoje. To nije knjiga s uputama. Ne pruža vam odgovore na vaše poslovne probleme ili dileme. Umjesto toga, otvara vam prostor da poslujete na sasvim drugačiji način. Sadrži pitanja, vježbe, alate i procese koje možete koristiti i koji će vam dati drugu perspektivu o tome kako kreirati svoj posao i svoj život.

Ja nisam poslovni stručnjak u uobičajenom značenju te riječi. Nemam dugi popis poslovnih titula, uvjerenja i slova nakon svog imena. Nudim godine praktičnog iskustva poslujući diljem svijeta – i gledište da je poslovanje radosno.

Želim s vama podijeliti *Radost poslovanja* - i pozvati vas da slijedite svoje znanje, da si postavljate pitanja te koristite neke od izvanrednih alata Access Consciousnessa® koji zauvijek mogu promijeniti način na koji poslujete.

Sadržaj

Posveta
Moja neizmjerna zahvalnost

Ovu bih knjigu, Radost poslovanja, željela posvetiti dvojici izuzetnih muškaraca u mojem životu:

Mojem ocu, koji me od samog početka ohrabrivao da učim više o poslovanju i da donosim svoje vlastite izbore. Volio me čak i kad sam odbijala slušati. Uvijek je bio tako ponosan na mene. Tata, volim te. Počivaj u miru.

Gary Major Douglas, osnivač Access Consciousnessa®, koji je bio ogroman doprinos ovoj knjizi, mom životu, mom življenju i mojoj realnosti. Pokazao si mi i nastavljaš mi pokazivati ono što sam uvijek znala da je moguće. Hvala.

Obojici sam vam zauvijek zahvalna.

Željela bih zahvaliti i svim ljudima koje sam tijekom svog života srela. Bila sam nevjerojatno sretna okruživši se izvanrednim prijateljima i obitelji koji mi stalno doprinose. Hvala vam. Kako mi se tako posrećilo?

Dona, ti si najdivnija urednica na planetu. Hvala ti na svom strpljenju. Kako može još bolje?

Christina i Ted, Big Country Publishing, Nevjerojatno sam zahvalna.

Dain, hvala ti na svojoj nepresušnoj blagosti i doprinosu.

Brendon, ti si dar koji nastavlja darivati.

Poruka čitateljima

Ova je knjiga pisana „kraljevskim" engleskim. Putujem cijelim svijetom i obilazim različita mjesta, no Australiju još uvijek smatram svojim domom. Ja sam Australka i pišem australskim engleskim pa ako ste iz Sjedinjenih Američkih Država molim Vas da mi oprostite pravopisne „greške". Ako ste iz nekog drugog mjesta, uživajte!

Predgovor

Jednog sam dana razgovarala sa svojim prijateljem Garyjem Douglasom, osnivačem Access Consciousnessa o nečem što je naš zajednički prijatelj radio u svojem poslovanju.

– Rekla sam: „To što on radi meni nema smisla."

– Gary je pitao: „Kako to misliš, nema ti smisla?".

– Odgovorila sam: „Pa, zašto bi to odabrao? U toj poslovnoj odluci nema nimalo radosti. Ništa u toj odluci neće kreirati nešto veće." Mogla sam vidjeti da ubija mogućnosti.

Gary je upitao: „ Kako to misliš, nije radosno?"

– Rekla sam: „Pa, posao se radi zbog radosti koju pruža!".

– Gary je rekao: „Ne, to nije tako."

Bila sam zapanjena. Rekla sam: „Da, radi se! Zašto bi ga inače radio?"

Gary je tada rekao: „Simone, ti si jedina osoba koju poznajem koja posao radi zbog radosti! U ovoj realnosti biznis se ne radi zbog radosti."

Tako je započeo naš dijalog o radosti poslovanja. Od tada sam otkrila da postoje mnogi ljudi koji misle da ne vole poslovanje, a i mnogi koji poslovanje vide radosnim. Željela bih da vi budete jedni od njih. I željela bih vas pozvati da promijenite svako gledište koje možda imate da poslovanje nije - ili ne može biti - radosno. To je moj poziv vama.

Što ako je poslovanje zabavno – i moglo bi vam donositi novac?

Poglavlje 1:

KAKO SAM ZAPOČELA POSAO

U vijek sam voljela biznis. Odrastajući u Sydneyu, u Australiji, moji bi prijatelji razgovarali o fakultetu, braku i djeci. Te me stvari nikada nisu zanimale. Oduvijek sam znala da ću imati vlastiti posao. Nisam imala pojma što će to biti, samo sam znala da ću imati svoj posao. To sam osjećala kao najkreativniju stvar kojom bih se mogla baviti. Vođenje posla je za mene poput umjetnika koji stoji pred praznim platnom. Imaš iskru neke ideje i postavljaš pitanja poput „Što je potrebno da bi ovo procvalo?" Posao sam uvijek promatrala na taj način.

Čim sam završila srednju školu, zaposlila sam se. Radila sam tri mjeseca i uštedjela 3000 dolara, a onda otputovala preko oceana. Provela sam tri godine putujući i radeći u Engleskoj, Portugalu,

Austriji i grčkim otocima. Radila sam svaki posao koji mi je bio dostupan, sve dok mi je dopuštao da nastavim putovati i razgledati svijet. Na otoku Santorini u Grčkoj, stajala sam ispred restorana i govorila prolaznicima: „Hej, možda bi vas danas zanimala večera u Captain Angelo? Imamo tri specijaliteta, a dobit ćete i besplatnu čašu vina." Svakodnevno sam to radila četiri sata i zarađivala dovoljno novaca za troškove boravka. Netko bi se možda potužio na takav posao, ali moj je stav bio: „Da, ja ću to raditi." Što god radila, uvijek sam uspijevala posao pretvoriti u zadovoljstvo i zabavu. Uvijek sam imala sposobnost percipirati mogućnosti koje rad i posao u mom životu mogu kreirati i vjerujem da nam kreativan i radostan pristup radu i poslovanju omogućuju izvanredan – ili možda čak i fenomenalan život.

Kad sam se vratila u Australiju, svi su me tapšali po leđima i govorili: „Pa to je riješeno. Naputovala si se baš kao što si i željela".

Moja reakcija je bila: „Što? Tek sam počela!"

Svoj prvi posao započela sam prodavajući proizvode vikendom na uličnoj tržnici u Sydneyu. Radila sam svašta, od izrade vlastitih losiona, sprejeva, sjajila za tijelo, do preprodaje robe sam kupila iz drugih izvora. Išla bih na tržnicu Glebe subotom, a nedjeljom na tržnicu Bondi Beach. Željela sam stvoriti životni stil u kojem mogu prodavati robu na tržnicama tijekom vikenda i uživati u svom životu.

Moj cilj je bio zaraditi dovoljno novca za put u New Delhi, u Indiji, kako bih kupila robu koju ću prodavati na tržnicama i sajmovima u Australiji.

Nakon kraćeg vremena, zaradila sam potreban novac i odletjela u Indiju. Otišla sam na jedno mjesto u New Delhiju zvano Paharganj gdje su se prodavali mirisi, tkanine, indijske narukvice, nakit i odjeća. Paharganj je čudesan. Bilo je to jedno od najužurbanijih mjesta koje sam ikad vidjela. Krave, koje se smatraju svetim, šetale

su posvuda, lutale su posred prljavih cesta, između taksija, bici-
kala, zaprežnih kola s volovima, kočija i pješaka. Ulični prodavači
su s obje strane ulice prodavali gotovo iste stvari, cjenjkajući se s
kupcima i prolaznicima. Katkad bi postalo vruće i do 55 stupnjeva
Celzija. Posvuda se kuhala hrana, a mirisi indijskih začina ispunjali
bi ulice. Bilo je vruće, mirisno i totalno uzbudljivo. Mogli ste sve to
doživjeti prljavim i posve kaotičnim – što je i bilo – ili kao jedno
od najegzotičnijih i najzanimljivijih mjesta na planetu.

Čim sam stigla zavoljela sam to mjesto.

Pojma nisam imala kako naći dobavljače. Znala sam da ih mogu
naći, no kako će to izgledati, nisam imala pojma. Zaintrigirala me
avantura tamošnjeg poslovanja. Moj je stav bio: „Da vidimo što će
se ukazati!"

Šetala bih i promatrala što prodavači nude. Čim bih bacila
pogled na neki komad robe, krenulo bi cjenkanje. Znalo je biti
poprilično naporno.

Vidjela sam kako lako nagovore ljude na kupnju mnogih pro-
izvoda koje oni u svojoj zemlji neće moći prodati, pa sam uvijek
pazila tko u takvim situacijama ima kontrolu. Bio je to skliski teren
u poslu i to me činilo izuzetno radosnom. Izgleda da sam intuitivno
znala da moram postavljati pitanja kako bih ja bila ta koja bira što
se događa. Pitala bih što su te stvari, čime su obojane i koja bi cijena
bila za jedan komad, te koliko bi koštalo deset ili stotinu komada.
Išla bih tako, postavljala pitanja i pisala bilješke, pa bih se onda
vratila u svoj hotel kako bih ih usporedila.

Zanimljivo je da sam u školi pala u matematici. Mrzila sam
matematiku i slabo mi je išla, ali sad sam bila u Indiji i morala sam
izračunati formule za izvoz, uvoz i određivanje cijene robi – i ja
sam to odradila. Znala sam da mogu uspješno uvesti robu. Znala
sam da moram naći nekoga tko bi obavio izvoz, papirologija mi je

bila poznata, a znala sam i da moram odrediti cijenu. Tako sam doslovno šetala ulicama i razgovarala s ljudima prikupljajući potrebne informacije. Htjela sam biti potpuno svjesna svega što je potrebno za kreiranje svog posla.

Kad poslujete, tada morate biti spremni imati sve i izgubiti sve. Ne možete se vezati za ishod onoga što radite. Da sam u toj fazi bila vezana za ishod kupovine određene robe, trgovci bi imali kontrolu nad cijenama i ostalim vidovima prodaje. Budući da sam bila neovisna o ishodu, dala sam si vremena. Nijednu situaciju nisam „gurala". Puštala sam da se stvari ukažu i da vidim što je moguće, što je značilo da imam kontrolu nad cijenom, količinom i drugim faktorima. Bio je tu veliki osjećaj pustolovine te radost zarade i življenja.

I tako sam kupila robu u Paharganju i u samom sam početku nosila stvari u Australiju u svojim torbama. Kasnije sam srela dva muslimanska šeika koji su postali moji izvoznici. Bili su izvrsni. Ja bih poslala robu zračnim putem iz Indije i prodala ju na tržnicama u Sydneyu i tako bih zaradila 3.000 - 4.000 dolara tjedno, radeći dva dana na tržnicama. Ostatak vremena provodila sam na plaži stvarajući nove ideje za tržnice i pregovarala s prekomorskim dobavljačima. Izgledalo je da imam puno prostora i slobodnog vremena za život. Bila sam sretna. Neki ljudi koji su radili od 9 do 17 u nekoj korporaciji, govorili su: „Simone, nađi si pravi posao."

Ja bih rekla: „Ovo je pravi posao! Ovo je odlično!" Izvrsno sam se provodila i zarađivala sam puno novca. Osvijestila sam da sam imala sposobnost stvoriti i generirati točno ono što želim (u tom trenutku) i pri tom zarađivati. To je zato, kao što sam kasnije otkrila u Access Consciousnessu, što novac slijedi radost. Radost ne slijedi novac.

Nakon nekog vremena ljudi su me počeli zapitkivati da li bih u Indiji za njih kupila neku robu koju bi oni mogli prodavati u svojim trgovinama u Sydneyu. Mislila sam: „Kad bih bila veletrgovac, kupovala bih veće količine i dobila bih bolju cijenu," pa sam prihvatila. Išla sam u Indiju i kupovala velike količine robe što je značilo da sam bila utjecajnija, a opskrbljivači su me počeli bolje zamjećivati. Opskrbljivala sam oko 12 trgovina u Sydneyu i počela dizajnirati odjeću. Sve je ovo postalo prilično uspješno i uskoro sam se počela dosađivati pa sam prestala s odjećom i krenula s uvozom nakita od sterlinškog srebra i poludragog kamenja.

Otišla sam u Jaipur, u Indiji, poznatog kao Ružičasti Grad, kako bih kupila kamenje. U vrijeme moje prve posjete, u Australiji su u modi bile nanizane ogrlice pa sam kupila rozenkvarc, ametist, granat i masu drugog kamenja. Što god zamislili, ja sam imala. Čovjek od kojega sam kupila kamenje rekao mi je da neću uspjeti jer sam žena. To je bilo njegovo gledište. Nitko mi u Indiji nije govorio: „Da, Simone! Samo naprijed!" No ipak sam nastavila slijediti svoje znanje i biti radosna za svaki doneseni izbor. Za mene je to bila veličanstvena pustolovina.

Počela sam prodavati kamenje i nakit na veliko i na sajmovima u Australiji. Onda bih se vratila u Jaipur i kupila još. Kupovala sam nakit i u Thailandu. U Bangkoku postoji ulica imena Khao San Road koja je ogromno sajmište poput Paharganja. Tamo sam srela mnoge zapadnjake koji su radili isto što i ja. Sreli bismo se i izmijenili informacije i kontakte kako bismo svi doprinijeli jedni drugima kao i svom vlastitom uspjehu. Ako moji znanci prodavači imaju uspjeha u raznolikim dizajnima, smatrala sam da ću i ja biti uspješna u tome. To je bilo lako. Uvijek sam željela doprinijeti drugima u njihovoj zaradi. To me činilo i još uvijek čini radosnom. Uživala sam radeći s ljudima širom svijeta i u načinu na koji smo pridonosili jedni drugima. Veliki je potencijal u funkcioniranju iz doprinosa. Da smo djelovali iz natjecanja, suzili bismo ili uništili svoje poslove i vjerojatno ne bismo bili tako uspješni – a vjerojatno ni tako radosni. Zapamtite, novac slijedi radost; radost ne slijedi novac. Ovo je vrlo jednostavna i vrijedna svjesnost.

Uskoro nakon toga krenula sam u Kathmandu, u Nepalu. Letjela bih u Kathmandu preko Himalaya koje su najljepši prizor na svijetu (i da, ako ste tamo u pravo godišnje doba, izgledaju točno kao na razglednicama!) Lijepo je bilo lutati ulicama grada. Imali su izvrsne male kafiće s divnim čajem, a prisutan je bio i osjećaj zahvalnosti lokalnih stanovnika što ste u njihovoj zemlji.

Nakon puno putovanja u i iz Indije, primijetila sam da za boravka u Indiji provodim više vremena u svojoj hotelskoj sobi nego bilo gdje drugdje. Radije sam poslovala u Thailandu i Nepalu pa sam se pitala što bih još mogla uvoziti iz tih zemalja. To je rezultiralo dizajniranjem kolekcije šešira. Imali smo brand šešira „*The Shack*" („koliba") i ja sam velik dio svoga posla prenijela u Nepal. To mi je donijelo više radosti - a uvijek sam bila voljna slijediti radost. Trebate biti voljni promijeniti sve ono što za vas više ne funkcionira.

Žene u ratarskim selima izrađivale su naše pamučne šešire, a dva muškarca koji su nadzirali kvalitetu slali su nam sve dovršene šešire u Australiju. Ovi su ljudi su bili fantastični. Posao koji smo dali tim ženama pomogao im je da osiguraju svoje obitelji. Naše su šešire mogle izrađivati kod kuće i imati djecu pored sebe kao ispomoć, umjesto da ih šalju u Kathmandu da na ulicama turistima čiste cipele ili rade nešto slično.

U Nepalu sam radila i s Tibetankom po imenu Ziering. Bila je izvanredna poslovna žena, a radila je „ko zmaj". Ziering je znala da ako se ljudi osjećaju posebnima, to stvara dobar rezultat, pa se prema meni uvijek odnosila s velikim poštovanjem. Povela bi me u svoj dom i uvijek me čekala šalica čaja kad bih navratila u njezin dućan. Kupila sam pašmine (fine kašmirske šalove) i druge vunene predmete od Zeiring koja je poslovala s jednom tibetanskom izbjeglicom u Nepalu.

U zemljama poput Indije i Nepala ima mnogo crne trgovine, a Ziering je bila poznata po tome što radi „bijeli posao", ili rad za opće dobro, pomažući izbjeglim ženama iz Tibeta. Vlada ne pruža nikakvu pomoć siromašnim ljudima, niti izbjeglicama koje žive u Nepalu. Tibetanskim smo ženama plaćali po komadu za izrađene majice, šešire i rukavice. Običavala sam posjetiti ih u njihovim kućama u blizini područja po imenu Thamel. Neke su kuće bile vrlo majušne. Ja sam visoka 175 cm i često nisam mogla uspravno stajati u njihovim kućama. Voljela sam raditi s ovim ljudima. Tibetanci su bili zahvalni i sretni što su u Nepalu. Ako su htjeli zaraditi više novca, mogli su puno raditi. Ako su željeli zaraditi samo toliko da školuju i hrane svoju djecu, onda su to mogli učiniti. Bilo je lako vidjeti razliku između onih koji su odabrali imati više u životu i onih koji su bili sretni što su jednostavno imali krov nad glavom i hranu za svoju djecu.

Donosila sam knjige izbjegličkoj djeci, a nekima sam plaćala i školovanje. Sve je to odgovaralo energiji onoga što sam znala da je moguće i radovalo me. Zarađivala sam i zabavljala se i nikad nisam znala kako će se koji dan odvijati. Život je bio velika pustolovina (i još jest). Moj je stav uvijek bio: „Ako nije zabavno, zašto bih to radila?" Ništa ne radim zato što to moram. Voljela sam raditi s ljudima koji nešto rade kako bi kreirali svoje živote. Vjerujem da svaka osoba svijetu može donijeti promjenu. Kada ste svoji i ako ste svjesni, u svijetu možete stvoriti promjenu, kakva god bila.

Naše sam šešire prodavala diljem Australije i posao je postao prilično uspješan i poznat. Imala sam ured od 80 kvadratnih metara s policama punih šešira jarkih boja. I onda sam opet u jednom trenutku poželjela kreirati nešto drugačije. Počela sam se pitati: „Što je još moguće?"

Vratila sam se u London na neko vrijeme i jednog sam dana kupila dnevnu kartu za velike crvene dvokatne autobuse te kružila po cijelom gradu. Išla sam od kvarta do kvarta, provjeravajući, promatrajući i razgledavajući. Primijetila sam da neovisno o tome gdje se nalazim, u bogatom ili siromašnom dijelu grada, židovskoj četvrti, crnačkoj ili pakistanskoj četvrti, nigdje nema niti malo veselja. Neovisno o tome imaju li ljudi novaca ili ne, neovisno o boji kože ili religiji koju prakticiraju, neovisno u kojem dijelu grada živjeli, svi su izgledali tužno. Pomislila sam: „Ne shvaćam to. Ova je planeta čudesna. Zašto svi izgledaju tako tužno? Zašto se svi toliko uzbuđuju zbog životnih trauma i drama, umjesto s mogućnostima? Što ja mogu kreirati kako bi se ovo promijenilo?"

Dobre vibre za vas

Odlučila sam kreirati posao koji bi povećao kvocijent veselja u svijetu i promijenio način na koji ljudi doživljavaju život. Smislila sam naziv Good Vibes to You (Dobre vibre vama) i koristila ga nekoliko mjeseci, no nešto u tome nije baš bilo ispravno. Osjećala sam da nosi neku silovitost pa sam promijenila naziv u Good Vibes for You (Dobre vibre za vas). To je bilo laganije. Želite dobre vibre? One su tu. Ne želite dobre vibre? Fino, one će biti tu kad ih budete htjeli.

Vratila sam se u Australiju i počela dizajnirati zgodne majice s nadahnjujućim natpisima i mnoštvom vedrih boja za mlade. Vjerovala sam da noseći ovakvu majicu možete pozvati ljude koji pročitaju natpise ka većoj svjesnosti ili promjeni u svom životu i tako stvoriti više radosti. Našla sam osobu koja je dizajnirala naš logo s velikom dugom uz tekst „Dobre vibre za vas" i počela prodavati majice na festivalima i vikend sajmovima.

Jedan od natpisa na majicama kojeg sam uvijek voljela bio je: „Zamisli što bi učinio kad bi znao da ne možeš podbaciti." Za mene nije bilo moguće podbaciti ili učiniti nešto krivo. Samo ste završili s nečim što ne izgleda onako kako ste očekivali. Jednostavno nije išlo u skladu s vašim planom, a ionako ništa ne ide u skladu s vašim planom. Ne poznajem nikoga tko je u svom poslu ili životnim metama postigao sve po planu.

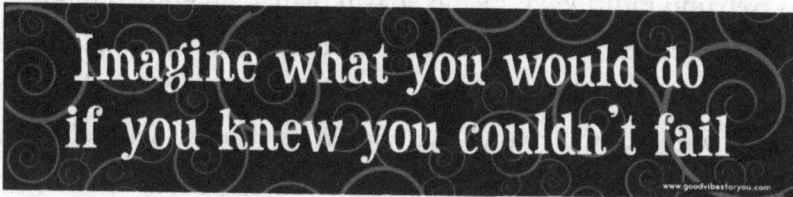

Imagine what you would do if you knew you couldn't fail

www.goodvibesforyou.com

Zamisli što bi učinio kad bi znao da ne možeš podbaciti

Druga je majica poručivala: „Budi otvoren trenucima života." Jednog sam dana nosila ovu majicu na nekom sajmu i jedan je momak prošao kraj mene, pogledao moju majicu, a onda ravno u moje oči. Mogla sam vidjeti promjenu u čitavom njegovom biću. U tom trenu znala sam da je vidio drugu mogućnost. Znao je da je još nešto moguće. Možda samo na trenutak, promijenila sam način na koji gleda na svijet. Ta je energija odgovarala energiji onoga što sam željela kreirati u svijetu. Željela sam da svaka pojedina osoba na ovom planetu spozna da postoje veće mogućnosti. Sve je moguće.

Be open to the moments of life

Budi otvoren trenucima života

Neke druge naše izreke bile su: „Budite promjena koju želite vidjeti u svijetu", „Stvori svoj svijet", „Učini nešto izvan svoje zone komfora" i „Što planet od tebe treba?" Mnogi ljudi pričaju o tome što trebamo raditi kako bismo spasili planet, ali gotovo nitko ne pita planet: „Što ti želiš?" Ponekad su ljudi prilazili mom štandu i čitali sve natpise na majicama. Ne bi kupili ništa. Samo bi rekli: „Došao sam ovamo i čitajući ove natpise osjećam se drugačije." Još jednom, stvarala sam ono što sam željela. Mijenjala sam način na koji ljudi gledaju na svoj život.

Jednog dana jedna je sredovječna dama kupila deset majica. Nije ih naumila nositi – već ih objesiti posvuda po kući, smatrajući da je to što radim fantastično. To me je dovelo do pitanja. Što bih još mogla kreirati? Što bi moglo zanimati sve, a ne samo mlađu generaciju? Što bi svijet još mogao vidjeti? Počeli smo kreirati magnete i naljepnice s istim izrekama što nam je omogućilo da još više razvijamo posao. Kad ste svjesni i kad ste u pitanju, možete znati kako i kada proširiti svoje poslovanje.

Jednog me dana nazvala žena koja je kupila magnet s natpisom: „Zamisli što bi mogla učiniti kad bi znala da ne možeš podbaciti." Rekla je da ima šestoro djece i da je udata za čovjeka koji ju godinama tuče. Mislila je da iz te situacije nema izlaza. Rekla je da je stavila magnet na hladnjak i šest je mjeseci svako jutro nakon buđenja pročitala taj natpis. Jednog je dana pokupila djecu i napustila svog nasilnog muža. Htjela mi je zahvaliti jer su joj riječi na magnetu dale snagu i hrabrost da spozna kako ga je moguće napustiti. Taj je magnet koštao 5 dolara. Da sam svoj uspjeh procjenjivala na temelju tih plaćenih 5 dolara, da li bih se smatrala uspješnom? Naravno da ne. Ipak, ako svoj uspjeh mjerim kroz promjenu koja je nastala u životu te žene i povezanu promjenu za njenih šestero djece, moj je uspjeh ogroman.

Jednog dana, dok sam radila na nekom sajmu, jedan je momak obučen kao tipični „bajker" razgledavao naljepnice koje sam prodavala. Imao je dugu kosu zavezanu u rep i nosio je majicu Jacka Danielsa, kožne hlače, velike teške čizme i kožnu motorističku jaknu s oznakom kluba. Dao mi je novac za naljepnicu, a ja sam ga upitala:

– Koju ste odabrali?
– „Budi svoj i promijeni svijet" – rekao je.
Pitala sam ga gdje će ju staviti.
– „Na stražnji dio mog motora" – odgovorio je.

Pomislila sam: „Čudesno. Kako može biti bolje od ovoga?" I opet, bila sam uspješna. Koliko će samo ljudi pročitati tu naljepnicu „Budi svoj i promijeni svijet"?

Budi svoj i promijeni svijet

Flaširana voda Dobre vibre za vas

„Dobre vibre za vas" tijekom godina su se prilično mijenjale i rasle od prodaje majci na sajmovima u Sydneyu; ipak, naša meta da budemo promjena koju želimo vidjeti na planetu ostala je nepromijenjena.

Jednog dana na radionici Access Consciousnessa® nosila sam bocu vode na koju sam zalijepila jednu od naših šarenih naljepnica Dobre vibre za vas kako bih razlikovala svoju bocu od ostalih. I drugi su ljudi počeli lijepiti naljepnice na svoje boce. Uskoro je mjesto bilo prepuno boca vode s naljepnicama Dobrih vibri i izrekama poput: „Budi svoj i promijeni svijet" ili „Što je još moguće?" ili „Beskrajno bivanje, beskrajne mogućnosti."

Netko je rekao: „Simone, Dobre vibre bi trebale proizvoditi flaširanu vodu i imati izreke napisane na naljepnicama." Glede vode ja sam snob i sviđala mi se moja posebna marka vode, no u to vrijeme nijedna voda na tržištu nije osnaživala ljude ili planet. Tako je moj poslovni partner počeo istraživati mogućnost da flaširana voda postane jedan od naših proizvoda. Kontaktirali smo čovjeka koji je imao divan prirodni izvor u blizini Sydneya pa smo se moj poslovni partner i ja odvezli do njega mojim kabrioletu. Momak nam je pokazao svoje imanje i razgovarali smo o poslu s vodom. Pitala sam ga:

– Koliko ljudi razmišlja o poslu s vodom?
– Vjerojatno njih 500 do 1000 tjedno. Svi misle da će prodavati flaširanu vodu i zaraditi milijun dolara, pa tako odu i uplate predujam za novi Ferrari." odgovorio je

Smijali smo se, a ja sam rekla:
– Pa, ja već imam ovaj kabriolet...

Ovom se momku svidio koncept koji smo htjeli uvesti na flaširanoj vodi: pakiranje u potpuno biorazgradivoj boci sa šarenim, osnažujućim naljepnicama koje prenose osjećaj zabave i lakoće. Ohrabrivao nas je od prvog dana i puno nam pomagao. Dobar australski momak. Jednom kad je jedan naš potencijalni klijent doletio u Australiju iz neke druge zemlje, naš se dobavljač odvezao na aerodrom u Sydney kako bi ga dočekao, pokazao mu svoj izvor i ispričao kako smo mi njegovi najdraži suradnici. Predstavio nas je većima nego što smo stvarno bili. Rekao mi je: „Zaista želim da vaš posao s vodom uspije. Uživam raditi s vama." Za mene, ovo je radost poslovanja – raditi s ljudima koji su sretni što rade s vama i u vašem su poslu. Kako može biti bolje od ovoga?

Industrija vode je tvrdi kamen. Mnoge velike korporacije prodaju vodu, a to je svijet u kojem veća riba jede manju, no mi smo iz toga na našoj naljepnici napravili šalu. Na našoj novoj naljepnici pisalo je: „Mi smo manja kompanija u ovoj ogromnoj areni." Unijeli smo element humora u ovu industriju flaširane vode i ljudi su to primijetili. Privukli smo ih našim pristupom i htjeli su poslovati s nama. Moja je percepcija da su uvidjeli razliku onoga što mi jesmo.

Uspostavili smo prekrasne kontakte širom svijeta i imamo mnoge uzbudljive međunarodne mogućnosti u poslu. Trenutno istražujemo druge proizvode i tehnologije u vezi vode, uključujući i stroj koji pretvara zrak u vodu. Radi se o čudesnim strojevima koji usisavaju vlagu iz zraka i stvaraju dobru, čistu pitku vodu. S jednim takvim strojem nitko više ne bi bio bez dobre vode. Bolja je od bilo koje filtrirane vode ili flaširane vode iz trgovine. Svako kućanstvo bi trebalo imati jedan ovakav stroj!

Ljudi su nam govorili: „Čekajte, vi ste kompanija koja prodaje flaširanu vodu, a sad imate te strojeve. Nije li to kompetitivno?".

Odgovarali smo: „Da, i voljeli bismo da i vi koristite ove strojeve."

Radimo i na tome da kupci prihvate boce koje su u cijelosti biorazgradive, što je puno bolje za okoliš. Postoji određena energija koju sam oduvijek željela stvoriti i generirati u svijetu, a ovo odgovara toj energiji. Zato to i radimo!"

„Dobre vibre za vas" nije kompanija koja samo prodaje flaširanu vodu. Ne radi se o vodi; već o Dobrim vibrama za vas. Naša je meta kreirati i generirati više svijesti, više radosti i sreće u svijetu. Što je potrebno za to?

Što vama znači uspjeh?

Koja je stvarna meta vašeg poslovanja?

Koja je prava meta vašeg života i življenja?

Poglavlje 2:

ŠTO STE VOLJNI PRIMITI?

Studeni 2002: Susret s Garyjem Douglasom

Jednog vikenda u studenom 2002. dok sam još radila na sajmovima otišla sam u Sydney kako bih prodavala robu Dobrih vibri na Festivalu uma, tijela i duha. Nekoliko dana prije toga primila sam vijest da je moja prijateljica Erin, koja je surfala na Baliju, preminula od malarije. Njezina me smrt teško pogodila. Mislila sam: „Erin je mrtva, a svijet i dalje otkucava kao da se ništa nije promijenilo." Željela sam da sve na trenutak stane kako bih imala trenutak mira. Stvarno nisam htjela biti na tom festivalu, ali već sam bila uplatila 6000 dolara za štand i znala sam da moram zaraditi mnogo novca kako bih bila na nuli.

Nije mi se činilo ispravnim pripremati štand i nastaviti kao da se ništa nije dogodilo, a baš sam izgubila prijateljicu. No bila sam tu, pripremala se i svakog trena bjesnila sve više. Bila sam ljuta na univerzum jer je Erin umrla. Bila sam ljuta što se to dogodilo tako brzo. Bila sam ljuta što se to dogodilo jednoj od najdražih osoba koje sam ikada srela i nisam htjela da me takne neka laž ili sranje.

Ljudi koji su postavljali svoje štandove preko puta mene pripadali su duhovnoj grupi i izluđivali su me svojim glasnim govorom i smijehom. Njihov smijeh nekako nisam doživljavala stvarnim. U njemu nije bilo radosti. Osjećala sam kao da je to privid onoga što bi veselje trebalo biti. Međusobno su se grlili srcem-na-srce, a htjeli su i mene zagrliti srcem-na-srce. Sve je to nalikovalo na veliku šaradu. Nitko od njih nije izgledao istinski sretan, niti kao da živi život kakav želi. Htjela sam viknuti: „Ne! Odlazite. Katkad stvari u životu ne idu baš lako. Katkad je jednostavno sranje. Katkad život može postati ružan." Željela sam prodrmati svakog od njih i reći: „Probudi se! Kako bi istinski, istinski voljeli da vaš život izgleda? Je li vam ovo dovoljno?".

Upravo se tada iza ugla pojavio moj prijatelj s Gary Douglasom, osnivačem Access Consciousnessa®, koji je također imao štand na sajmu. Garyja sam već ranije srela na njegovom predavanju o odnosima i bila sam zaintrigirana njegovom neposrednošću. Osjećala sam ga stvarnim. Slušati ga dok govori o odnosima bilo je poput udisaja svježeg zraka. Mislila sam: „Znači mislite da je ispravno to što se ne želim udati i imati djecu? To nije pogrešno? Odlično!" Bio je prva osoba koja mi je ukazala da to što sam znala zapravo nije krivo; samo je drugačije od onoga što su drugi ljudi odabrali vjerovati i načina na koji su odabrali živjeti svoje živote.

Moj prijatelj i Gary su me pozdravili. Rekla sam „Bok" i pokušala imati izraz lica „sve je normalno i fino". Kratko sam zagrlila prijatelja, a onda i Garyja i brzo se odmaknula.

– Bilo bi ti puno bolje kad bi se otvorila većem primanju. I tvoj

bi posao bolje napredovao, a ti bi zaradila više novca i bila sretnija
– rekao je.

– Da. Ok, hvala – odgovorila sam i mislila: „Nemaš ti pojma što
se događa u mom životu, Gospodine! Ludi čovjek, on uopće ne zna
o čemu priča – a potom sam počela raditi nešto drugo i zaboravila
na njegov komentar.

Ili sam barem mislila da sam ga izbacila iz uma. Tu sam noć
provela kod prijatelja u Sydneyu, iscrpljena nakon dugog dana,
ali nisam mogla zaspati. Garyjeva primjedba o primanju stalno
se vrtjela po mojoj glavi. Pokušala sam shvatiti što je svojim ko-
mentarom želio reći. Ja sam uvijek darivala stvari. Pa tako treba,
zar ne? Garyjev komentar okrenuo je moj svijet naglavačke. Rekla
sam sebi: „Ovo je ludo. Kaže li on da bih mogla primati umjesto
davati?" Nisam imala pojma kako bi to izgledalo. Sve me to ljutilo.

Sljedećeg sam jutra bila tako ljuta da sam marširala Festivalom
uma, tijela i duha do Garyja na štandu Access Consciousnessa®, stala
sam ispred njega s rukama na bokovima i upitala, „Kog ste vraga
mislili s onim što ste mi jučer rekli?"

Gary je samo gledao u mene, osmjehnuo se i pitao na što mislim.

– Rekli ste mi da bi mi bilo bolje da se otvorim primanju. Nisam
mislila da mi je dopušteno primati. Mislila sam da je moj posao
u životu davanje, a ne primanje – rekla sam.

Ne sjećam se Garyjevog odgovora. Ali, sjećam se da se pojavio
osjećaj mira nakon našeg razgovora. Nešto je postalo lagano u mom
univerzumu; znala sam da ima nešto ispravno i istinito u tome što
je govorio. Više sam sličila sebi. U mom je životu bilo malo ljudi
koji su me osnaživali da budem svoja. U Garyjevoj prisutnosti bilo
je nečega što me opuštalo i umirilo glede onoga što sam birala biti,
kako god to izgledalo.

Sljedećeg sam dana na sajmu bila malo mamurna jer sam prethodne noći popila nekoliko pića. Prošetala sam oko štandova tražeći masažu ili nešto slično za olakšavanje mamurluka. Dok sam prolazila kraj štanda Access Consciousnessa®, jedna me gospođa upitala želim li pokrenuti svoje barove. Nisam imala pojma što to znači, ali sam pogledala na stol za masažu i pristala. Legla sam na stol i pola sata nakon pokretanja barova, zaplakala sam i plakala i plakala. Nosila sam svoju majicu Dobre vibre za vas i svatko je na festivalu znao tko sam. Bila sam tu na stolu za masažu uplakanih očiju. Sjela sam i rekla:

– Moram natrag na posao!

Davali su kratke tretmane za 20 dolara i kad sam htjela platiti, gospođa mi je rekla da je to poklon. Radilo se opet o primanju i zaplakala sam još jače.

Upravo je tada naišao i Gary. Pogledao me, osmjehnuo se i upitao:

– Trebam li te još jednom zagrliti?

– Ne! – odgovorila sam – Da. Ne. Ne znam!

Zagrlio me i pozvao van na razgovor.

– Ne! Ne znam. Da. Ne – rekla sam, na što je on dodao:

– Izbor je tvoj. Ako želiš, izaći ću van i popričati s tobom.

Gledala sam u njega i rekla u redu. Dok smo izlazili, niz lice su mi tekle suze, a ja sam bila zabrinuta da to neće biti bilo dobro za Dobre vibre za vas koje su trebale povećati kvocijent sreće u svijetu. Gary je sjedio sa mnom 40 minuta i postavljao pitanja. Pomogao mi je da vidim da je u mom prostoru svatko bio vrijedan – osim mene. Zamolio me da uvidim i priznam kako smatram da su drugi ljudi na neki način bolji od mene, unatoč činjenici da sam ja ta koja naizgled ima moć i snagu generirati i stvarati svoj posao i svoj život. Pridonosila sam promjeni u njihovim životima, a osjećala sam i zahvalnost što ih imam oko sebe. Nikada to nisam htjela priznati.

Naš je razgovor okretao moj svijet naglavačke.

Gary je te večeri imao seminar pa sam otišla tamo. Dok sam slušala, mislila sam: „Oho, ovaj momak priča o svemu što želim kreirati s Dobrim vibrama za vas, a uz to ima i alate za ostvarivanje." Bilo je to prvi put da nekoga čujem kako govori o promjeni za koju sam znala da je u svijetu moguća.

U to sam se vrijeme smatrala malo luckastom. Dopuštala sam ljudima da me nazivaju hippy jer sam mislila da bi tako mogli prihvatiti ono što ja jesam. Ali tu je bio Gary – bio je odjeven tako lijepo – u njegovoj pojavi nije bilo ničeg čudnog i pričao je o svemu što sam smatrala mogućim, a u što čini se, nitko drugi nije vjerovao.

Tijekom seminara Gary je često psovao. Još sam uvijek bila ljuta i nesretna zbog Erin pa je moja reakcija bila: „Oh, hvala Bogu da je netko ovdje stvaran." Zbog toga sam ga sve pažljivije slušala. Nisam imala strpljenja za bilo kakvo pretvaranje. Bila sam tako impresionirana da sam odlučila ostati u Sydneyu još tjedan dana jer je Gary idućeg vikenda imao još jednu dvodnevnu radionicu - „Izvan kutije". Bilo je to u studenome, za nas poslovno najzahtjevnijem dobu godine. Nazvala sam svoje suradnike u Brisbaneu i rekla: „Ja se ne vraćam." Pitali su me: „Kako to misliš, ne vraćaš se?" Odgovorila sam da ću ostati u Sydneyu još tjedan dana na tečaju s čovjekom iz Access Consciousnessa®. Poludjeli su jer sam ja u poslu sve kontrolirala, a sad im kažem da će se sami snalaziti cijeli tjedan u vrijeme najprometnijeg perioda u godini. Pitali su me: „A što ćemo napraviti?" Rekla sam im da će sve biti dobro. Bilo je to prvi put da sam počela osnaživati svoje suradnike

Rekla sam i: „Želite li doći na tečaj, platit ću vam avionsku kartu pa i vi možete sudjelovati." (Nisu došli). Tako sam otišla na dvodnevni Garyjev tečaj. Ostala sam u pozadini dvorane blizu izlaza kako bih mogla istrčati ako poželim. Nisam se željela uhvatiti ni na što ili biti negdje gdje ne želim biti. Do kraja ova dva dana moj se život potpuno promijenio. Gary je govorio o svemu što sam vjerovala da je istinito. Sve što je rekao meni je imalo smisla. Vidjela sam da nisam u krivu glede onoga što sam znala da je moguće i da niti jedan od mojih izbora nije bio pogrešan. To je bio najveći dar kojeg sam od tečaja dobila.

Shvatila sam koja vrijednost svijetu Access Consciousness® može biti i moja je meta od samog početka bila da svaka osoba na svijetu sazna da ovo postoji kako bi to mogli izabrati. Nakon radionice Gary je mom prijatelju koji je tek počeo facilitirati radionice Access Consciousnessa® u Australiji rekao:

– Trebao bi zatražiti pomoć od Simone kako bi pokrenuo svoj posao s Accessom.

Moj je prijatelj bio odličan facilitator, ali mu je bilo teško započeti svoj posao jer nije imao smisla za poslovanje. Začudila sam se otkrivši da nije imao čak ni email adresu, pa sam za njega pokrenula email račun i počela upisivati email adrese u popis kontakata. Savjetovala sam mu da ljudima pošalje emailove i da ih nazove prije samih događaja. Bila je to moja prva svjesnost o tome da ne doživljava baš svatko posao tako laganim ili tako radosnim kao ja, te da nema svatko osjećaj za mogućnosti koje su dostupne

Kad je sljedeće godine Gary došao u Australiju ponovno održati tečaj, organizirala sam sve. Bila sam domaćin, rezervirala dvoranu, organizirala smještaj, poslala promotivne materijale, nazvala svih i postavila cijeli tečaj. Bila je to najveća radionica koju su ikad održali u Australiji.

Gary je rekao:

– Hvala ti, tako sam zahvalan – te je dodao– Mislim da ti dugujem nešto novca.

– Za što? – pitala sam ga.

– Da se pokriju troškovi slanja pošte – odgovorio je, a ja sam briznula u plač. Ponovo se radilo o tom primanju.

Gary se samo smijao. Rekla sam mu da me ne može ismijavati jer plačem, a on je rekao:

– Da, mogu. To je smiješno! – odgovorio je, a potom mi je poklonio taj seminar. Plakala sam plakala čitav sat. Sve to u vezi primanja ponovo je okretalo moj svijet naglavačke.

Uskoro sam za Garyja i njegovog poslovnog partnera dr. Daina Heera počela organizirati tečajeve i seminare u Australiji, Novom Zelandu i dijelovima Azije. Jednog sam dana razgovarala s Garyjem o različitim aspektima Access Consciousnessa® i o tome što sam kreirala i generirala u Australaziji. Rekao je:

– Treba mi netko poput tebe u Americi.

Gledala sam u njega i rekla:

– Pa mogla bih to raditi.

Pitao me:

– Kako bi ti se svidjelo biti Svjetski koordinator Access Consciousnessa®?

Otvorenih ustiju sam pitala:

– Kako to misliš?

Smiješkao se i ponovio:

– Kako bi ti se svidjelo biti Svjetski koordinator Access Consciousnessa®?

– Što to znači? – pitala sam ponovno.

Gary je naveo oko pet različitih stvari koje je želio da radim.

– Voljela bih to raditi– odgovorila sam.

Gary nije tražio nekoga s poslovnim iskustvom; radilo se o energiji za koju je znao da bih ja mogla kreirati i generirati diljem svijeta. U meni je mogao vidjeti kapacitete koje sama u to vrijeme nisam vidjela.

Primanje svega obuhvaća ogroman osjećaj ranjivosti, uključujući i veličinu koja svatko od nas jest. Kad sam počela otvarati svoju sposobnost primanja, shvatila sam da sam drugima bila voljna davati alate za primanje, ali sam inzistirala da sve radim sama. Ljudima nisam dopuštala davanje meni.

Access Consciousness® je sve to za mene promijenio i to nije došlo preko noći. Access i dalje nastavlja mijenjati moje paradigme o primanju i sad sam sposobna primati više. Uvijek pitam za više, a sposobna sam i drugima olakšati promjenu njihovih paradigmi o primanju. Svijet izgleda vrlo drugačije kada ste otvoreni primanju.

Voljnost primanja

Ova priča o susretu s Garyjem na dug način želi reći kako je vaša sposobnost primanja suštinska za uspjeh vašeg poslovanja. Primanje uključuje vašu sposobnost primanja svega dobroga u životu i ide daleko iznad toga. Uključuje vašu sposobnost primanja svega — dobrog, lošeg, lijepog i ružnog. Morate biti voljni primiti novac, a morate biti voljni i da ga ne dobijete. Morate biti voljni primiti divljenje, priznanje i darove. Morate biti voljni primiti informacije i gledišta drugih ljudi. Morate biti voljni primiti pohvalu i odobravanje, a morate biti voljni primiti i kritiku i prosudbu. Morate biti voljni primiti uspjeh u svome poslu kao i neuspjeh u svome poslu. Morate biti voljni primiti sve to, apsolutno sve to, bez vezivanja za ishod.

Istinsko je primanje neizmjerno duboko jer utječe na vašu sposobnost percipiranja, znanja pa čak i bivanja. Recimo, odlučili ste da ste glede nečega u pravu i niste voljni primiti druge informacije ili perspektive. Nećete moći percipirati što je još moguće izvan vašega ograničenoga gledišta. Ako ne možete *percipirati*, lišavate se svoga *znanja*. A lišite li se svoga znanja, lišavate se svoje svjesnosti i svoje prisutnosti, a to je ono tko ste i što ste. Ne možete biti svoji. Da biste u poslu bili uspješni, morate biti sposobni primati, percipirati, znati i biti. Voljnost primanja je ključ kako bi sve ovo mogli raditi.

Jeste li voljni primiti zahvalnost i uspjeh?

Moja prijateljica ima trgovinu odjećom u Queenslandu u Australiji. Ona stvara čuda s ljudima, njihovom odjećom i tijelima. Točno zna što je njezinim klijentima potrebno kako bi izgledali i osjećali se lijepo, i zna im izabrati odjeću u kojoj će se osjećati apsolutno divno. Moja je prijateljica lijepa, visoka žena. Ima prekrasno tijelo i nosi sjajnu odjeću. Njezini su talenti meni i mnogima drugima bili tako očiti, no ona ipak drugima nije dopuštala da ju priznaju. Bila je vrlo sramežljiva i činilo se da skriva tko je ona uistinu

Jednog sam ju dana upitala:

— Zašto ne bismo spomenuli tvoju trgovinu i ljude na mom tečaju upoznali s onime što radiš?

Prekrižila je svoje ruke, spustila glavu i rekla:

— Oh ne, ne bih mogla stati pred ljude i to napraviti.

Ona to nije mogla primiti. Bilo joj je toliko lako raditi taj posao da pritom nije mogla vidjeti vrijednost svog rada niti primiti priznanje i zahvalnost drugih.

Otkad koristi alate Access Consciousnessa®, njezina se voljnost primanja dramatično povećala. Sada ima dvije trgovine i pokrenula je svoju robnu marku. Radi i osobni „styling" za ljude diljem svijeta. Zakoračila je u veliki uspjeh jer ga je sada voljna primiti! Jeste li i vi pomalo nalik na moju prijateljicu? Primate li u potpunosti zahvale i izraze poštovanja koje vam ljudi iskazuju? Jeste li voljni primati zahvalnost koju ljudi izražavaju vama i vašem poslu – ili od toga bježite? Jeste li voljni primiti slavu? Jeste li uistinu voljni primiti uspjeh?

Jeste li voljni primati novac?

Mnoge mi je godine otac pokušavao dati novac, a ja sam uvijek odbijala njegove ponude. Zahvalila bih se i rekla mu da mi njegov novac ne treba, da mogu bez toga. Nakon što je moja voljnost primanja porasla, konačno sam prihvatila njegov novčani dar i mogla sam vidjeti koliko je sretan i zahvalan što sam to primila. Moja je svjesnost o tome bila „Oho! Svih ovih godina nisam dopustila da se to desi!" Shvatila sam da ne prihvaćajući zaustavljate radost darivanja, zaustavljate radost doprinosa, a zaustavljate i lakoću svog poslovanja.

Želite li u poslu biti uspješni, trebati biti voljni primati novac od svakoga, bez procjene. Trebate biti voljni primati novac od ljudi koje obožavate kao i od ljudi koji vam se ne sviđaju. Što ako biste odasvud mogli primati novac ili vrijednosti kao što su auto ili novi kompjuter? Znate li što? Možete! Sve što trebate učiniti je pitati – i primiti.

Nedavno je moja prijateljica tražila stan u Los Angelesu pa smo se provezli kroz tri različita kvarta, razgledavajući ta mjesta i osjećajući gdje bi joj se moglo svidjeti. Ispala je to zanimljiva vježba da vidimo što smo voljne primiti. Ja sam odrasla u obitelji više srednje klase, pa vozeći se predjelima gdje su kuće nalikovale mjestu u kojem sam odrasla, moja je reakcija bila: „Da, ovdje bih mogla živjeti!" To mi je bilo blisko i bila sam to voljna primiti.

Onda smo krenule u vrlo bogati dio grada zvan Bel Air, a ja sam šaputala: „Smijemo li mi ovdje biti?" Bila je prisutna neka energija koju nisam prepoznala i to mi je bilo neugodno. Bila je to energija milijuna i milijardi dolara koju nisam bila voljna primiti.

I konačno smo otišli u predio koji je bio daleko manje imućan i primijetila sam da sam se opet osjećala nelagodno. Mislila sam: „Nikad ovdje ne bih živjela!" Mogla sam prihvatiti samo energiju onoga na što sam bila naučena, koja mi je stvarala ugodu. Vidite li kako nesposobnost primanja energije milijuna dolara može utjecati na vaše poslovanje? Ili kako nelagoda s energijom manjka novca u odnosu na ono na što ste navikli može odbiti vaše klijente? Jeste li voljni primiti neizmjerno bogate klijente? Jeste li voljni primiti klijente koji su bijedno obučeni? Jeste li voljni primiti tone novca? Ili ništa novca?

Što ste voljni primiti?

Jeste li voljni primiti ogromne količine novca? Jeste li voljni biti cijenjeni i obožavani? Jeste li voljni da za vama žude, ne samo poneki, već tisuće njih? Jeste li voljni da ljudi žele ukrasti vaše ideje, vaše dizajne ili vaš umjetnički rad? Koju god energiju niste voljni primiti, ta će energija vama, vašem poslu i vašoj financijskoj stvarnosti stvoriti ograničenje.

Ako vaše poslovanje nije tako uspješno kako biste htjeli, pogledajte jeste li ste voljni primiti bilo što i sve. Pitajte:

* *Što nisam voljan/voljna primiti?*
* *Koju energiju nisam bio/bila voljan/voljna primati koja bi kreirala uspjeh iznad svih mojih maštanja?*

Biste li se htjeli promijeniti – i primiti to? (To bi moglo promijeniti vaš svijet!)

Vaša sposobnost primanja suštinska je za uspjeh vašeg poslovanja.

Poglavlje 3:

POSLOVANJE BEZ PROSUĐIVANJA

Prosuđivanje je jedna od najvećih barijera istinskom primanju. Iziđete li iz svih vaših prosudbi i zaključaka o tome kako bi nešto trebalo izgledati te jednostavno percipirate i primite ono što je pred vama, u svom ćete univerzumu imati daleko više izbora. Ovo funkcionira iz percepcije. Percepcija je lagana, poput vjetra. Nije čvrsta. I stalno se mijenja.

Prosudbe, osjećaji, odluke i zaključci su, s druge strane, čvrsti. Oni su ovisni o tome što je za vas dobro i loše. Kad god o nečemu prosuđujete, bilo pozitivno ili negativno, ukidate svoj kapacitet primanja bilo čega izvan te prosudbe. Svaka vas prosudba sprječava u primanju bilo čega što njoj ne odgovara. Na primjer, ako svoj posao prosuđujete neuspješnim, hoćete li moći vidjeti što je u njemu ispravno? Hoćete li moći iskoristiti prednost velike mogućnosti koja se upravo ukazala? Ne. Ako svoj posao prosudite savršenim, hoćete li moći vidjeti što ne funkcionira i što treba promijeniti? Ne. U oba slučaja nosite naočnjake zbog kojih ne vidite i tako nećete primiti informaciju koja je suprotna onome što ste odlučili. Znate li što su naočnjaci? Njih nose konji na očima kako bi se u utrci mogli fokusirati na krajnju točku. Naočnjaci im ne dopuštaju da budu svjesni bilo čega što se odvija oko njih. Dakle, hoćete li skinuti svoje naočnjake i biti svjesni svih mogućnosti? Ovo možete postići tek kad izađete iz svojih prosudbi i odaberete prihvatiti sve.

Koje ste prosudbe donijeli u svom poslu?

Poslovni ljudi me često pitaju: „Koje je ciljno tržište za Dobre vibre za vas?" Kažem im: „Pa, to je za svakog tko želi promijeniti svoj život!" Što ako za vaše poslovanje ne bi bilo ciljne grupe? Što ako ta prosudba ili projekcija ne bi bila dio vašeg poslovnog modela? Što ako biste jednostavno bili otvoreni primiti svakoga tko se pojavi, bilo da je to netko tko vam kaže da nikad nećete uspjeti ili netko tko pruža ogroman doprinos vašem uspjehu?

Možda postoji neka publika ili klijentela koja je sklonija uživati u vašim proizvodima ili vašoj usluzi, no ako funkcionirate iz zaključka da je to vaša klijentela, ne dopuštate nikome ili ničemu drugom da se pojavi. Projicirate li u posao da je namijenjen samo određenoj grupi ljudi i da možete prodavati samo ženama između 15 i 25 godina, tada je to sve što će posao dozvati. Međutim, upitate li: „Što je potrebno da ovaj posao bude poziv svakome tko želi promijeniti svoj život?", otvarate prostor svima da uđu.

Jeste li ste se našli u situaciji da prosuđujete neki posao i njegovu sposobnost uspjeha? „Ovaj posao neće donijeti novac" je projekcija i prosudba. Umjesto toga, zašto ne upitate:

+ *Što se tu mora promijeniti?*
+ *Što bismo mogli promijeniti?*
+ *Možemo li ga promijeniti?*
+ *Kako ga možemo promijeniti?*

Vidite li kako prosudbe zatvaraju energiju – a pitanja ju otvaraju? Kada postavite pitanje, pozivate da se pojavi više svjesnosti, a time i više mogućnosti.

Imate li prosudbi o tome što jest, a što nije moguće u poslovanju? Prije puno godina radila sam s mladićem koji je odrastao u teškim uvjetima. Kao rezultat njegovih iskustava, bio je sklon funkcionirati iz odluka i prosudbi. Donosio je zaključke poput ovog: „Za novac moraš teško raditi", a kad bi se pojavila odlična prilika, on bi rekao: „Oh, to se nikada neće dogoditi!" Svoju je prosudbu svemu stavljao na put i tako zaustavio priljev onoga što bi se moglo pojaviti. Hoćete li promijeniti energiju svake prosudbe ili zaključka koje ste postavili i dopustiti da se za vas i vaš posao pojave beskrajne mogućnosti?

Prosuđujete li svoje klijente ili kupce?

Kad ljudi dođu u vaš posao, da li ih odmah prosuđujete? Procjenjujete li njihov izgled? Odlučujete li koliko novca imaju, koliko novca nemaju ili koliko će novca potrošiti? Odlučujete li s kojim klijentima želite surađivati, a s kojima ne? Većina nas ima tu tendenciju i to nas strahovito ograničava.

Sjećam se žene s kojom sam radila čije vođenje tjelovježbi nije baš cvalo. Čudila se što nema više klijenata. Nakon kraćeg razgovora rekla je: „Želim raditi samo sa svjesnim ljudima." Kada donesete ovakvu prosudbu, imat ćete malo posla! Nije shvaćala kako je njezina prosudba odbijala potencijalne klijente da joj dođu. Kako ćete od nekoga primiti novac kad ne možete primiti tko osoba jest?

Zanimljivo gledište

Prije nekoliko me mjeseci nekolicina ljudi ohrabrilo da započnem blog o Access Consciousnessu i pričam o svemu što diljem svijeta radim. Pomislila sam da bih mogla pokušati. Znala sam da se moji tekstovi neće svakome dopasti i da će neki od njih zazirati ili prosuđivati. Tako je i bilo. Jedna je blogerica počela pisati kritičke komentare o nekim mojim postovima.

Kad vam netko pošalje prosudbu, postoji tendencija opiranja ili reagiranja, pa kažete: „Kako to oni mogu reći?" ili priklanjanja i slaganja, pa kažete: „Znaš što? Ja sam potpuno u pravu (ili u krivu) kao što kažu!" Vrlo je malo ljudi koji dopuštaju ovako: **„Oh, to je zanimljivo gledište."** Kad ste u dopuštanju, puštate nečiju prosudbu da se otkotrlja s vaših leđa.

Na sreću nisam krenula pobijati prosudbe te blogerice. Nisam se opirala i reagirala, niti sam se priklanjala i složila s njom. Pročitala sam njezine komentare i pomislila: „Pa, to je zanimljivo gledište." Onda sam to otpustila. Znala sam da njezine prosudbe nemaju nikakve veze sa mnom. One su se odnosile na nju. Kada ste voljni primiti prosudbu, zapravo ju možete okrenuti u svoju prednost. Znat ćete kako ta osoba funkcionira i što nije voljna primiti. U stvari, ovu informaciju čak možete iskoristiti kako biste manipulirali situacijama u svoju korist.

Kad se opiremo i reagiramo ili se priklanjamo i slažemo s nečijim prosudbama o nama, naše nas reakcije ometaju u primanju. Kad smo prosudbu voljni primiti bez gledišta o njoj, prosudbu tada možemo „nadkreirati". Možemo kreirati i generirati posao kojeg istinski želimo.

Za uspjeh u poslu morate biti spremni na sve, kako god to izgledalo. Morate biti voljni primati prosudbe, ne samo od anonimnih blogera ili slučajnih znanaca, već i od vaših poslovnih partnera i kolega. Kad vas netko prosuđuje, koristite pitanja, tražite više svjesnosti i zahtijevajte da budete u dopuštenju tih prosudbi, kakve god one bile. Prosudbe nisu stvarne. Prihvaćate li ih kao stvarne, zaustavljate tijek vašeg poslovanja i mogućnosti koje su vam dostupne. Ovo je vjerojatno jedna od najvažnijih stvari koja se odnosi na prosudbe; one nisu stvarne. Temelje na tome što osoba koja prosuđuje nije voljna primiti.

Morate biti voljni primiti sve prosudbe, što znači da prosudbu morate dopuštati i smatrati ju zanimljivim gledištem. Ne činite li to, te se priklanjate i slažete ili se opirete i reagirate, prosudbi dopuštate da zaustavi tijek svih mogućnosti sada i u budućnosti. Daleko je lakše samo primiti prosudbu! Osim toga, svaka prosudba zapravo je doprinos stvaranju vašeg poslovanja. Na primjer, prosudi li tko da ste bogati, vi ćete kreirati više novca. Ako vas netko prosuđuje uspješnim, dozvat ćete još više uspjeha.

Sindrom visokog maka

U Australiji imamo nešto što zovemo sindrom visokog maka. Ne biste trebali nadmašivati i izdvajati se iz mase. Ne biste trebali biti bogati i uspješni ako to niste postigli na težak način. Ako pak s lakoćom postanete vrlo uspješni, ljudi će vas nemilosrdno prosuđivati i pokušati vas spustiti na njihovu razinu. Neki ljudi čak ni ne pokušavaju učiniti ništa izvanredno jer ne žele biti „visoki mak" kojega se reže.

Možete upitati: „Zašto moram primiti prosudbu? Mrzim da me prosuđuju!" Mogli biste pomisliti da možete ograničiti prosudbe koje ćete primati, ali to tako ne funkcionira. Činjenica je da neprimanjem prosudbi ograničavate svoje primanje, a to znači da nećete primati sve stvari koje u svom životu želite imati, uključujući novac.

Proces brisanja

Željela bih vam sada predstaviti proces brisanja kojega koristimo u Access Consciousnessu kako biste počeli brisati prosudbe koje možda imate o drugima, o sebi i o svojem poslu. Evo kako on djeluje.

Počet ćemo s jednostavnim pitanjem:

Koju ste prosudbu učinili stvarnijom od beskonačnih mogućnosti za vas i vaš posao?

Na ovo pitanje nije potrebno tražiti odgovor. Tražite svjesnost, a ne odgovor. Svjesnost vam ne mora doći u obliku riječi. Može vam doći kao energija ili osjećaj. Čak ne morate ni kognitivno prepoznati odgovor na pitanje. Nije bitno kako će vam doći. Samo trebate postaviti pitanje. Tada izrazite svoju spremnost da u potpunosti primite energiju koju je pitanje podignulo (ako ste zaista voljni primiti) kao i vašu spremnost da ju uništite i re-kreirate:

Sve što to jest, uništavam i dekreiram, bezbroj puta.

Sljedeći korak je korištenje izjave brisanja. Izjava brisanja briše vaša ograničena gledišta kako biste u svom životu i poslu imali drugačiju mogućnost. Ona ide sve do točke destrukcije (POD) ili do točke kreacije (POC) misli, osjećaja i emocija koje se neposredno prethodili odluci, prosudbi ili ograničenju koje ste zauzeli. To je kao da iz kuće od karata izvlačite donju kartu. Cijela se stvar ruši. Nije važno je li točka destrukcije ili točka kreacije bila prošlog tjedna ili prije stotina milijuna godina. Izjava brisanja ide do prvog mjesta gdje su se ova gledišta stvorila i briše odluke koje ste donijeli. To se događa energetski upotrebom pitanja i izjave brisanja.

Izjavu brisanja možete shvatiti kao jezik energije. Nije važno razumijete li ju svojim umom; dovoljno je njezino korištenje. Kad biste sve mogli riješiti uz pomoć logičnog uma, već biste imali sve što ste ikada poželjeli. Što god vas sprječava u imanju svega što želite, nije logično. Želimo uništiti luda gledišta. Izjava brisanja dizajnirana je da sprži svako vaše gledište, kako biste počeli funkcionirati iz svoje svjesnosti i svoga znanja.

Svjesnost i znanje su ono što vi uistinu jeste. Vi ste beskonačno biće, možete percipirati sve, znati sve, biti sve i primiti sve. Možete djelovati iz potpune svjesnosti i potpune svijesti u svim aspektima svoga života, uključujući vaš posao, ako tako odaberete.

Možete djelovati iz mogućnosti, izbora, promjene, zahtjeva i doprinosa. Možete otvoriti vrata svemu što je za vas, vaš posao, vaš život i planet danas moguće. Ako ste voljni funkcionirati kao beskonačno biće koje uistinu jeste, tada možete pozvati svijet da se promijeni i da se vaš posao proširi. Možete kreirati više radosti, sreće i zahvalnosti u svom životu i življenju. Zbog toga je brisanje vaših prosudbi tako moćno!

Izjava brisanja

Nakon što ste izrazili da ste voljni primiti energiju koju je pitanje podiglo, izgovorite izjavu brisanja:

Right and wrong, good and bad, POD and POC, all nine, shorts, boys and beyonds.

(Ako želite više informacija o značenju riječi u izjavi, pogledajte rječnik na kraju knjige.)

Možete koristiti punu izjavu brisanja koju ovdje navodim – ili možete samo reći: „Sve što jest, POD and POC" ili „Sve što sam pročitala u knjizi". Ovo skuplja energiju i počinje uništavati i dekreirati sve što ta gledišta jesu. Jednostavno probajte!

Do kraja ove knjige naići ćete na mnoga pitanja i, dok čitate, možda ćete na neka od njih imati snažnu energetsku reakciju. Upotrijebite izjavu brisanja kako biste obrisali energiju koja se pojavi. Zapamtite: radi se o energiji, a ne o riječima. Energija dolazi prije riječi. Ne pridajte tome važnost. Vi samo brišete energiju i sva gledišta, ograničenja ili prosudbe koje ste stvorili. Pokušajte. Ako vam ovo odgovara, odlično! Koja je najgora stvar koja se može dogoditi? Oh! To bi moglo u potpunosti promijeniti vaš posao i vaš život. Moglo bi vam donijeti više novca. I mogli biste postati radosniji! Dobro, jeste li sada spremni napraviti ovaj proces? Lako je.

Koju sam prosudbu učinila stvarnijom od beskonačnih mogućnosti za mene i moj posao? Sve što to jest i sve gdje to nisam bila voljna primiti, uništavam i dekreiram, bezbroj puta. Right and wrong, good and bad, POD and POC, all nine, shorts, boys and beyonds.

Prosuđivanje drugih

Želite li izbrisati još neke prosudbe u poslu i životu? Evo izvan-rednog pitanja koje možete postaviti kad prosuđujete druge ljude. Odlično je jer otkad postoji vrijeme mi smo bili i činili sve, i kako biste nešto prosuđivali, morali ste to već biti ili činiti. Na primjer, ako netko s kime radite nešto kaže ili čini, a vi primijetite kako tu osobu prosuđujete, upitajte:

Gdje sam ovo već prije bio/bila i što sam radio/radila? Sve što to jest, uništavam i dekreiram bezbroj puta. Right and wrong, good and bad, POD and POC, all nine, shorts, boys and beyonds.

Vaše prosudbe zaustavljaju primanje
svega što je moguće.

Poglavlje 4:

SVAKO PITANJE STVARA MOGUĆNOST

Moji su prijatelji iz Australije, Chutisa i Steve Bowman, napisali mnogo nevjerojatnih knjiga, uključujući „Svjesno liderstvo" i „Svijest prosperiteta". Chutisa i Steve putuju svijetom i rade s direktorima i upravnim tijelima kompanija. Njihovo je gledište da će svijest teći čitavom kompanijom kreirate li ju na vrhu. Primijetili su da visoko uspješni direktori imaju praksu postavljati pitanja. Ti direktori nikada ne misle da su u pravu, ni da imaju sve odgovore. Umjesto toga, oni neprekidno postavljaju pitanja. Pitanje je poziv novim mogućnostima, novim informacijama i novim gledištima. Pitanje dopušta pojavljivanje nečeg drugog, dok vas odgovor vodi do mrtve točke. Odgovor kaže: „To je to. Ne, hvala. Dosta." Kada pitanja dolaze s vrha posla, za svakoga u tom poslu kreira se protok i osjećaj mogućnosti jer svaka osoba u kompaniji pridonosi nešto drugačije. Što ako prepoznate da svaka osoba u vašoj kompaniji ili poslu nudi različite perspektive koje se temelje na njegovoj ili njezinoj vlastitoj svjesnosti? Što ako biste bili voljni primati, priznavati i biti zahvalni za svjesnost svake osobe u vašem poslu kao i za njezin doprinos? Mogli biste također biti voljni primati, priznati i biti zahvalni za svaku osobu u vašem životu i za njihov doprinos vama. To bi vam moglo ponešto promijeniti.

Imati odgovore

Proteklih nekoliko godina razgovarala sam s mnogim ljudima o poslu ili projektima kojima se bave i mnogi imaju gledište da unaprijed moraju predvidjeti svaki čak i posljednji detalj u poslu prije nego se nešto dogodi, umjesto da to otpuste.

Tako smo naučeni. Još nas od malih nogu podučavaju da moramo imati sve odgovore. Čim krenemo u školu učimo se dolaziti do „pravih" odgovora kako bismo dobili prolaznu ocjenu. Ali biti uspješan u poslu ne znači imati odgovore, doći do „pravih" zaključaka, predvidjeti što će se dogoditi ili pokušati doći do određenih stvari. Treba biti u pitanju. Svoj posao i svoj život možete probuditi postavljajući pitanja, vjerujući u vaše znanje i razvijajući svoju svjesnost o onome što je još moguće.

Ne razmišljajte – postavljajte pitanja

Umjesto da dolazite do odgovora, zaključaka i odluka, prakticirajte postavljanje pitanja. Kad postavite pitanje, odmah dobijete energetski odgovor. Na primjer, ako postavite pitanje kao: „Istina, hoće li mi ovo donijeti novac?" energija će se pojaviti i vi ćete znati je li odgovor da ili ne. Energija dolazi prije riječi i vaše je znanje trenutno. Ljudi često nisu voljni priznati ono što znaju pa radije razmišljaju, umjesto da upitaju: „Istina, što mi energija pokazuje?" Sumnjaju u svoje znanje. Tada nastaje konfuzija. Umjesto da o nečemu razmišljate, postavite pitanje. Budite voljni slijediti svoju svjesnost, budite voljni slijediti ono što znate i na temelju toga kreirajte izbor. Zapamtite, izbor stvara svjesnost

Na primjer, ako nekoga namjeravate zaposliti, možete pitati: „Istina, hoće li mi ova osoba donijeti novac?" i odmah ćete percipirati energetski odgovor. Energiju ćete osjećati težom ili laganijom. **Kad ju osjećate teškom, obično je to laž. Ako osjećate lakoću, onda je to obično istina.** Koristite se ovim alatom dok postavljate pitanja i donosite izbore u vezi svog posla. Slijedite li energiju, znat ćete što učiniti. Ako ne postavljate pitanja i niste otvoreni svjesnosti, mogli biste ući u svoju glavu i početi razmišljati. Mogli biste pokušati kreirati ishod prije nego se nešto uopće dogodi. To je kao kad pokušavate vidjeti kako će nešto funkcionirati prije nego li tome date šansu da vam pokaže mogućnosti. Vjerujte mi, daleko je lakše slijediti energiju i postavljati pitanja nego li koristiti svoju glavu i razmišljati.

Vi, kao beskonačno biće, znate sve. Ne postoji ništa što ne znate. Prestanite s poslovanjem koje nazivam „ovisništvo o glavi"; umjesto toga koristite pitanja, slijedite energiju i funkcionirajte iz vaše svijesti i vašeg znanja. Više ćete se zabavljati, a mogli biste čak postati i radosni u poslu!

Ako osjećate lakoću – to je istina
Ako osjećate težinu – to je laž

Kad sam počela raditi u SAD-u koristila sam alat teško/lagano. U početku nisam znala ništa o načinu tamošnjeg poslovanja pa sam počela razgovarati s odvjetnicima i računovođama kako bih dobila potrebne informacije. Mislila sam da odvjetnici i računovođe znaju sve, dok nisam shvatila: „Oho! Ne samo da ne dobivam potrebne informacije, nego mi daju kontradiktorne podatke." Konačno sam shvatila da je ono što se osjeća laganije istina, a ono što se osjeća teže, laž. Rekla bih: „Ok, razgovarala sam sa svim tim odvjetnicima i računovođama, a ovo ima više smisla i osjeća se lakoća. Kad bih uvažila to što mi on govori, što bi to kreiralo? Bi li kreiralo promjenu koju ja želim?" Donositi izbore na ovaj način sasvim je drugačije od linearnog razmišljanja i traženja odgovora. Zapravo je lakše i zabavnije. To je radost poslovanja! Ne morate sve sami znati; samo trebate biti voljni postavljati pitanja.

Vaš um poznaje samo ono što je već radio

Vaš um poznaje samo ono što je već radio, pa vam to ograničava percepciju onoga što je moguće. Tražite li da se nešto pojavi izvan onoga što ste ikada zamišljali, tko zna koje će se mogućnosti prikazati? Ponekad kad postavite pitanje, stvari se iznenada pojave u fizičkom univerzumu. Pitate se: Što je potrebno kako bi mi se posao još više razvio? I bum! Nešto ili netko se pojavi. Možda se pojavi netko tko u vaš posao želi investirati dva milijuna dolara. Možda sretnete slavnog producenta koji vam želi pomoći da unaprijedite svoju pjevačku karijeru. Možda se ukaže nešto što uopće ne nalikuje na vaš posao. (Zapamtite: trebate biti voljni to primiti.)

Pitanje može promijeniti sve

Koristite pitanja u svim aspektima svog života – u poslu, u svojim odnosima i sa svojim novcem. Pitanja morate postavljati iz mjesta beskrajnih mogućnosti i voljnosti prihvaćanja bilo čega i svega; ne možete donijeti odluku o tome kakav bi odgovor trebao biti. Što je potrebno da budete svjesni i otvoreni ka beskonačnom izboru i beskonačnim mogućnostima?

Vezanost za ishod

Kad ste vezani za ishod, tada postoji odgovor ili ishod kojeg želite. Fokusirate se na njega i zatvorite svoju svjesnost o svemu ostalom. Postanete poput trkaćeg konja s naočnjacima. Više ne percipirate i ne primate informacije i darove koje univerzum nudi. Ne možete vidjeti ništa što ne odgovara ishodu na kojeg ste fokusirani. Mogla bi se ukazati divna mogućnost, ali je ona izvan onoga što možete percipirati. To se desilo mom prijatelju koji je već utemeljio nekoliko vrlo uspješnih poslova. Koristio je pitanja, čarolija se pojavila i on je mogao kreirati i generirati više nego što je mislio da je moguće. Ali nedavno je započeo s drugim poslom, za kojeg je jako želio da uspije, ali s njim nije imao isti uspjeh. Zašto je bilo tako? Bio je toliko vezan za ishod da više nije mogao vidjeti što je moguće.

Pitanja otvaraju vrata mogućnostima

Nedavno smo donijeli zanimljivu prosudbu o našoj vodi za piće u bocama „Dobre vibre". Željeli smo promijeniti PET plastičnu ambalažu u potpuno biorazgradivu i mislili smo da će veletrgovci s entuzijazmom podržati ovu promjenu. Nove boce su skuplje od konvencionalnih, ali smo odlučili da će ljudi htjeti platiti malo više za vodu u biorazgradivim bocama kao doprinos očuvanju planeta. (Primijetite da nismo postavili pitanje. Krenuli smo ravno u odgovor i prosudbu.) Kad smo objavili ovu promjenu očekivali smo da će ljudi skakati od sreće; mislili smo da će umarširati povorka i početi vatromet. Jupi! Hura!

Ipak, veletrgovci nisu tako reagirali; otkrili smo da daleko više brinu o cijeni. Konačno smo shvatili da smo ušli u zaključak i postali smo voljni prihvatiti gledište veletrgovaca, postavljati više pitanja i (istovremeno) ne odustati od onoga što smo znali da je moguće. (Nikada nemojte zaključiti da niste uspjeli.) Napustili smo prosudbu o tome kako će javnost prihvatiti naš proizvod i postavili smo pitanja: „Što ovdje moramo promijeniti? Što ovdje moramo dodati? Kome se trebamo obratiti? Koje informacije oni trebaju?" Ova su nam pitanja otvorila vrata ka nekim novim mogućnostima. Od tada smo došli u kontakt s tvrtkama koje su zahvalne na dostupnosti vode u biorazgradivim bocama.

Izjava s upitnikom na kraju

Katkad ljudi odluče kako trebaju poslovati – i onda svoju odluku pokušavaju pretvoriti u pitanje. To je izjava s upitnikom na kraju. Neće vas nikamo odvesti. Bit ćete na istom mjestu na kojem ste uvijek bili. Kada dolazite do zaključka ili odluke, zaustavljate energiju – a sve u univerzumu je energija. Ipak, kad postavite beskonačno pitanje, ono vas osnažuje i poziva što je moguće.

Nedavno sam razgovarala sa ženom koja je bila nervozna zbog zastoja u poslu. Pitala sam ju:

– Pa koje biste pitanje o tome mogli postaviti?

– Što je potrebno da ljudi ovamo uđu i potroše novac? – odgovorila je pitanjem.

To je izjava s upitnikom na kraju. Ona je odlučila da je odgovor to da ljudi uđu u njen lokal i potroše novac - a onda je odluku pokušala pretvoriti u pitanje.

Sugerirala sam joj: „Daleko proširenije pitanje bilo bi: koga ili što bih svom poslu mogla dodati da generira novac danas i u budućnosti?" Ovo je otvaranje prema mogućnostima, ne samo današnjim mogućnostima, nego i budućim mogućnostima. Tko zna što bi se moglo pojaviti? Možda bi netko mogao ponuditi otkup vašeg posla za dvostruki iznos od njegove vrijednosti. Možda bi netko mogao ponuditi globalno širenje vašeg posla?

Postoje beskrajne mogućnosti.
Sve je moguće..

Koji je moj sljedeći korak?

Ako u vašem poslovanju ikada postoji trenutak kad se pitate: „Što bih sljedeće trebao učiniti?" – postavljajte pitanja! Pitanja su imperativ. Percipirate li da ste vi ili vaše poslovanje blokirani, postavite pitanja poput:

+ *Koje informacije mi nedostaju?*
+ *S kime trebam razgovarati?*
+ *Gdje trebamo biti?*
+ *Želi li se posao mijenjati?*
+ *Što bismo danas mogli utemeljiti kako bi sada i u budućnosti kreirali više?*

✦ *Koja bi se čarolija meni i mom poslu danas mogla pojaviti?*

✦ *Kako može biti bolje od ovoga?*

✦ *Što nismo voljni činiti, biti, imati, kreirati i generirati sa i kao posao, a kad bismo to radili, dozvali bismo više mogućnosti nego što smo ikada mislili da je moguće? (Na kraju ovog pitanja upotrijebite izjavu brisanja.)*

Ako ste voljni slušati, primit ćete informacije koje vam trebaju.

Još jedno izvanredno vrijeme za postavljanje pitanja je kad primijetite da odugovlačite. Što ako vam treba samo više informacija? Svaki put kad osjetite da ste vi ili vaš posao blokirani, sve što vam treba je više ili drugačije informacije. Postavite više pitanja.

Univerzum želi biti vaš prijatelj. Želi vam pomoći. I voli kad postavljate pitanja. Kaže vam: „Da! Postavljaš mi pitanja i voljan si primati."

U nekom starom filmu jedan od likova komentira kako je univerzum banket u kojem neki ljudi gladuju do smrti. Banket je upravo ispred vas. Sve što trebate učiniti je postavljati pitanja i biti voljni primati više..

Pitanja osnažuju. Odgovori onesposobljuju.

Koristite pitanja kako bi priznali ono što kreirate i generirate

Svaki put kad u vašem poslovanju nešto dobro funkcionira ili kad osjećate da je nešto bilo uspješno, priznajte to. Kako ćete to učiniti? Postoje dva načina.

Prvi je način – biti zahvalan! Budite zahvalni za sve što se pojavi, budite zahvalni za svaki novčić kojeg vi i vaš posao zaradite, budite zahvalni za sve što je bilo uspješno.

Drugi je– postavljanje pitanja. Ne zaključujte s riječima poput: „Oho! To je odlično funkcioniralo." Umjesto toga pitajte:

- *Kako može biti još bolje od ovoga?*
- *Što je još moguće?*

Pitanja poput ovih prizivaju više uspjeha. Izjave poput „Ovo je bilo odlično!" znače mrtvu stanku. One ne pozivaju nove mogućnosti. Koja je energetska razlika između rečenica: „Oho, ovo je bio najbolji seks kojega sam ikad imala!" i „Oho, kako može biti još bolje od toga?" Koje pitanje poziva više mogućnosti (i više odličnog seksa)? Koje ima tendenciju zaustavljanja energije? Drugim riječima, kako možete dobiti više onog dobrog? Postavljajte pitanja!

Nemojte postavljati pitanja samo kad se nešto ne pojavljuje na onaj način na koji biste to vi htjeli. Postavljajte pitanja bez obzira što se događa. Zašto? Tražite od univerzuma da vam doprinese nečim još većim!

Moja je prijateljica otišla u Pariz zbog posla i odlučila da će svoju posljednju noć u gradu provesti u lijepom hotelu s pet zvjezdica. (Ključna riječ ovdje je odlučila. Donijela je odluku što će se dogoditi, a to zaustavlja tijek.) Došla je u hotel i tražila sobu, a čovjek na recepciji joj je rekao da mu je žao, ali sve je bilo popunjeno.

Mogla je razočarano otići, ali je umjesto toga u tom trenutku odabrala postaviti pitanje, pa su stvari išle dalje. Stajala je kraj pulta i pitala: „Kako može biti bolje od ovoga?"

Čovjek iza pulta je rekao:

– Žao mi je.

– No, kako može biti bolje od ovoga? – opet je upitala

– Pričekajte – rekao je recepcioner. – Razgovarat ću s upravi-
teljom.

Upravitelj je izašao i upitao ju što želi, a ona je rekla da joj je to posljednja noć u Parizu i da traži sobu. On je rekao:

– Žao mi je – rekao je– ali hotel je popunjen.

Ponovno je upitala:

– Kako može biti bolje od ovoga?

On je gledao u nju, a onda pogledao u računalo i rekao:

– Pa... jedina soba koja je večeras dostupna je penthouse. – za-
stao je na tren, pa rekao: – Možemo vam ju dati po cijeni standardne sobe, ali samo za jednu noć."

– Kako može biti bolje od ovoga? – sa širokim osmijehom na licu upitala je moja prijateljica.

Dobila je sobu, a k tome i bocu šampanjca u apartman! (Kako može biti još bolje od ovoga?)

Ovo pitanje možete koristiti u svakoj situaciji. Na Novom Ze-
landu jedan je direktor prodaje perilica naučio ovaj alat i podučio svoje suradnike. Sugerirao im je da upitaju: „Kako može biti bolje od ovoga?" svaki puta kad bi nešto prodali, ali i svaki puta kad ne bi prodali ništa. Osoblje je tako radilo i za šest mjeseci prodaja se udvostručila. Svi su bili oduševljen uspjehom i prodajom, što je kreiralo još više radosti u poslu. Ako kreirate okruženje u kojem ljudi funkcioniraju iz pitanja i voljni su prihvatiti bilo što, stvari se brzo odvijaju, a ljudi uživaju. To je radost poslovanja.

Nije bitno prodajete li uslugu ili proizvod, postavite pitanje nakon svake vaše prodaje (kao i nakon svake neostvarene prodaje) i promatrajte što se događa. Postavljanje pitanja omogućuje da se puno toga pojavi. Možete pokušati i s ovim pitanjima:

+ *Kakvu čaroliju mogu danas stvoriti u svom poslu?*

* *Što je potrebno da se danas i u budućnosti pojavi više novca nego li sam ikad mislila da je moguće?*

Ako ste voljni da se to dogodi, neočekivane se stvari mogu pojaviti iz naizgled nasumičnih mjesta.

Morate priznati svaku mogućnost koja se pojavi i koja odgovara metama koje kreirate za svoj posao, projekt, proizvod ili što god to bilo. Nitko drugi to neće napraviti umjesto vas. Nemojte sjediti i čekati da netko dođe i kaže vam kako ste izvanredni ili kako ste napravili briljantan posao. Priznajte sebi ono što kreirate i generirate. Na primjer, ako pomažete ljudima procesima Access Consciousnessa, toliki je dar kad se netko promijeni i vidi drugu mogućnost. Morate priznati da vi to omogućujete. Svaki put kad imate „uspjeha", zapitajte: „Kako može biti još bolje od ovoga?" ili „Što je još moguće?" Ako to možete raditi za sebe, sve će ekspandirati kako za vas tako i za svakog oko vas. To je jednostavno i lako.

Univerzum je obilan. Želi vas darivati.
Postavljajući pitanje, ulazite u obilje univerzuma.

Poglavlje 5:

STVARNOST I USKLAĐIVANJE

Vjerujete li u nemoguće?

U knjizi Lewisa Carrolla „Iza zrcala", Alisa kaže Bijeloj Kraljici: „Ne može se vjerovati u nemoguće stvari". Bijela Kraljica odgovori: „Zašto, ponekad vjerujem u čak šest nemogućih stvari prije doručka."

Sviđa mi se kraljičin odgovor. On izražava radost, mogućnosti i zabavu, sve što možete biti u svom poslovanju i svom životu. Ali većina je nas naučila misliti poput svih ostalih. Naučeni smo da moramo živjeti u stvarnosti koja se sastoji od tuđih ideja i ograničenih stavova u odnosu na ono što je moguće. Rekli su nam da moramo „biti realni". Uvježbani smo da ne vjerujemo u „nemoguće" stvari.

Usklađenost

Ako mnoštvo satova stavite zajedno u sobu i svi otkucavaju u različitim intervalima, vremenom će se satovi međusobno sinkronizirati i početi simultano otkucavati. To se zove usklađenost. To i mi radimo. Usklađujemo se s realnostima svih ostalih u našoj kulturi, našoj profesiji ili što god to bilo. Skloni smo vjerovati u ono u što drugi ljudi vjeruju i raditi stvari na način na koji to oni rade. Većini je ljudi ugodno funkcionirati iz usklađenosti kao izvora povezanosti i stvarnosti u poslovanju. Zato to rade.

Od trenutka kad se ujutro probudite, jeste li se uskladili u odnosu na ono što ćete pojesti, što ćete biti, što ćete odjenuti, kada ćete raditi, koliko ćete novca zaraditi ili koliko novca nećete zaraditi? Kreirate li svoje financije kako biste se uskladili s onim što svi drugi rade i bili upravo nalik na njih? Ako je tako, onda vjerojatno djelujete iz onoga što nazivamo kontekstualna stvarnost.

Kontekstualna stvarnost

Kontekstualna stvarnost je stvarnost s kojom smo usklađeni. Ona se temelji na vremenu, dimenzijama, stvarnosti i materiji. U kontekstualnoj stvarnosti to činimo stvarnim. No uistinu, postoji li zapravo vrijeme ili je to kreacija? Ono je nešto što smo kreirali. Isti je slučaj s dimenzijama, stvarnošću i materijom. Sve su to kreacije temeljene na načinu na koji smo usklađeni percipirati. Ne temelje se na čaroliji onoga što se može pojaviti. Ne temelje se na onome što je istinski moguće.

Kada djelujete u kontekstualnoj stvarnosti, gledate gdje se uklapate, gdje imate koristi, gdje dobivate i gdje gubite. Kontekstualna stvarnost vam govori gdje se uklapate u poslovanju ili gdje je vaša niša, i ne možete ići na drugo mjesto. Ona vam kaže kako izračunati način na koji vam posao doprinosi i kako mjeriti svoj uspjeh temeljem onoga što se nalazi na vašem bankovnom računu.

Nekontekstualna stvarnost

Kako bi bilo preskočiti kolotečine, promijeniti univerzume i funkcionirati iz potpuno drugačije stvarnosti od one s kojom ste usklađeni? Vi to možete učiniti. Možete djelovati u nekontekstualnoj stvarnosti. Umjesto promatranja mogućnosti u smislu vremena, dimenzija, stvarnosti i materije, što ako biste percipirali energiju, prostor i svijest? Kako bi bilo znati da sve ima svijest, uključujući i stolicu na kojoj sada sjedite? Sve ima svijest. Sve ima energiju. A tu je i prostor. Ah... prostor. Prostor je zapravo ispunjen mogućnostima i pitanjem.

Funkcioniranjem u nekontekstualnoj stvarnosti možete imati generativni kapacitet izvan vremena, dimenzija, materije i stvarnosti.

Nekontekstualna stvarnost je izvan mašte. Ona je izvan logičkog uma, izvan referentnih točaka, izvan svega što je itko ikada prije radio. Ona je izvan svega što ste vi ili ja ikada vidjeli kao moguće. Ona nema oblik, nema strukturu, nema značaj, nema priču. Kad djelujete iz nekontekstualne stvarnosti, postavljate pitanja i slijedite energiju. Djelujete iz svojega znanja.

Osjećaji se često temelje na kontekstualnoj stvarnosti

Neki ljudi ne djeluju iz svjesnosti, već se radije oslanjaju na intenzivne emocije koje im dopuštaju „osjetiti" pravi poslovni odgovor, na primjer da li da uđu u neku investiciju ili kupe nekretninu. Oslanjaju se na uzbuđenje ili na neki drugi snažan osjećaj koji im govori da je to prava stvar. U osnovi, oni kreiraju prosudbu kako bi donijeli odluku. Ovi se osjećaji često temelje na kontekstualnoj stvarnosti. Drugim riječima, oni su ukorijenjeni u ideji dobitka, gubitka, uklapanja ili koristi. Ovdje sugeriram da je moguće djelovati na drugačiji način. Moguće je djelovati iz svoje percepcije energije, prostora i svijesti. Moguće je djelovati iz svojeg znanja, umjesto iz svog uma ili svojih osjećaja.

Pozivam vas da ne idete u udobnost i usklađenost. Umjesto toga vas pozivam da funkcionirate iz svoje vlastite svjesnosti o onome što je moguće. Što bi se dogodilo da ste voljni potpuno vjerovati sebi i da funkcionirate iz svoje svjesnosti i svoga znanja? Zamislite kakav bi vaš posao bio da jednostavno vjerujete u sebe. Bi li bilo više novca ili manje novca? Bi li bilo više radosti ili manje radosti? Više zabave ili manje zabave?

Svjesnost, usput, nije ugodna.
To bi mogao biti razlog zašto ju tako mnogo ljudi izbjegava.

Što ako biste svoje poslovanje kreirali na način na koji znate da ga možete kreirati? Da ne funkcionirate iz usklađenosti kao izvora modela poslovanja, vaše bi poslovanje bila kreacija koja zrcali vas. Ne biste imali konkurencije, bez obzira vodite li trgovinu s haljinama, kompaniju za proizvodnju flaširane vode ili posao s nekretninama. Ako vjerujete u sebe, posao kojeg stvorite bio bi potpuno drugačiji od bilo čijeg. Ne biste se ugledali ni u koje drugo poslovanje da vidite kako voditi svoje vlastito.

Što ako su vrijeme, dimenzije, stvarnost i materija elementi kojima možete manipulirati i koristiti ih, a ne takozvani građevni elementi ove stvarnosti? Koristite ih dok radite s ljudima koji funkcioniraju u kontekstualnoj stvarnosti – ali nemojte se njima ograničavati. Zamijenite univerzume! Funkcionirajte u potpuno drugačijoj stvarnosti. Znam da znate o čemu govorim!

Šest nemogućih stvari

Na početku ovog poglavlja navela sam izjavu Bijele Kraljice: „Zašto, ponekad vjerujem u čak šest nemogućih stvari prije doručka." Za vježbu koja slijedi igrala sam se s njezinom izjavom i promijenila *vjerovanje* u šest nemogućih stvari u *kreiranje* šest nemogućih stvari..

Kreirate li ikada nemoguće stvari? Zašto ne?

Pozivam vas da iskoračite iz onoga s čim ste usklađeni biti, raditi, imati i vjerovati te upitate sebe: kojih je to šest nemogućih stvari za koje sam odlučila da u svom poslu danas ne mogu kreirati?

Zapišite svoje odgovore.

1 ....
2 ....
3 ....
4 ....
5 ....
6 ....

Sad pogledajte svaki svoj odgovor i upitajte:

* *Je li stvarno istina da je ovo nemoguće?*
* *Što bih trebala promijeniti, odabrati i utemeljiti da se ovo*

pojavi?

- **Što bih svom poslovanju, svom životu i svojoj stvarnosti trebala dodati da se ovo pojavi?**

Napišite još šest nemogućih stvari.

1 ....
2 ....
3 ....
4 ....
5 ....
6 ....

Što ste odlučili da je nemoguće u poslu, vašem novcu, vašem životu, vašoj stvarnosti, vašim financijama, protoku platežnih sredstava i gotovine? Sve što to jest, istina, hoćete li uništiti i dekreirati bezbroj puta? Right and wrong, good and bad, POD and POC, all nine, shorts, boys and beyonds.

Koja čarolija bi se vama i vašem poslu danas mogla pojaviti?
Bi li vam posao bio lakši kad biste mu dopustili da bude čaroban?

Kraljevstvo Nas

Vođenje poslovanja u kontekstualnoj je stvarnosti najčešće vezano uz natjecanje i pobjedu. Natjecanje se smatra suštinskim dijelom konvencionalnog poslovanja. Kompanije se međusobno natječu za istu grupu klijenata, a intenzivna se konkurencija interno ohrabruje među zaposlenicima ili odjelima. Ljudi misle da je za uspjeh u poslu neophodno iščupati srce svojim konkurentima i uraditi sve moguće kako bi „pobijedili". Vjeruju da je to put do uspjeha.

Voljela bih sugerirati drugi pristup naziva Kraljevstvo Nas. U Kraljevstvu Nas svi smo zajedno na istom planetu. Vučemo kola na isto odredište. Ne radi se o vama kao individui. Stvarna snaga Kraljevstva Nas je biti sposoban odabrati ono što odgovara vama i svima drugima. Radi se o nama, bićima koja jesmo i onome što želimo kreirati

To je daleko veća slika. Ne moramo biti ekipa koja igra po istim unaprijed utvrđenim pravilima ili u skladu s nečijom uputom, već smo svi mi sposobni doprinositi nečemu što bi moglo biti bolje.

Što ako biste u poslovanju funkcionirali iz doprinosa? Što ako bi svaki posao na planetu doprinosio svakom drugom poslu? Što ako biste pitali što u vašem poslu možete doprinijeti drugima i što posao može doprinijeti vama? Što ako biste bili voljni doprinositi poslovanju drugih ljudi? To ne znači da svoju trgovinu morate zatvoriti; ne znači da se morate odreći vaših ideja ili dizajna. Kada doprinosite svim poslovima, sve će doprinositi vašoj ekspanziji. Kada doprinosite svim poslovima, uključujući i one koji pripadaju drugim ljudima, univerzum doprinosi vama. Kada doprinos i velikodušnost postanu način na koji obavljate svoj posao, konkurencija izlazi kroz vrata. To je djelovanje izvan kontekstualne stvarnosti.

Zaposlite Univerzum

Na jednom od mojih tečajeva „Radost poslovanja" netko mi je rekao:

– Uvijek sam teško radio i obavljao sam mnoštvo poslova. Bio sam pipničar i tvornički radnik. Nedavno sam odlučio započeti vlastiti posao. Ali što god radio, ne čini mi se da napredujem. Stalno očekujem da će mi netko reći što da radim jer sam tako navikao.

– Kako bi bilo da zaposlite univerzum i zamolite da vam doprinosi – upitala sam ga . Pokušajte upitati: **Koja energija, prostor i svijest moj posao i ja možemo biti, što bi nam dopustilo da uposlimo univerzum za cijelu vječnost?**

Univerzum je tu da vam pomogne
Ako pitate ... isporučit će vam.

Ovdje je nekoliko pitanja koja će vam pomoći razviti vaš kapacitet i voljnost doprinošenja (i primanja doprinosa) svemu u univerzumu:

- *Što mogu doprinijeti svojim poslovnim partnerima i zaposlenicima?*
- *Koje njihove doprinose mogu primiti?*
- *Što ja mogu doprinijeti poslovanju?*
- *Koji doprinos poslovanje može primiti od mene?*
- *Što posao može doprinijeti meni?*
- *Koji doprinos mogu primiti od poslovanja?*
- *Što moje tijelo može doprinijeti mom poslovanju?*
- *Koji doprinos moje tijelo može primiti od mog poslovanja?*
- *Tko i što može doprinijeti mom poslovanju?*
- *Koji doprinos moje poslovanje može primiti od drugih?*

Pozivam vas da svakodnevno postavljate ova pitanja i primijetite svjesnost koja vam dolazi. Postavljanje pitanja ne znači da morate doći do odgovora; radi se o voljnosti da se promijeni energija i dopusti pojavljivanje više mogućnosti.

Vi doprinosite svemu, pa i novcu

Katkad uputim ljude da upitaju:

+ *Što mi novac može doprinijeti?*
+ *Što ja mogu doprinijeti novcu?*

Oni odgovaraju pitajući: „Što? Kako bih ja mogao doprinijeti novcu?". Kažem im: „Vi doprinosite svojoj kući, svom namještaju i svom autu tako što za njih brinete, zar ne? Na isti način doprinosite novcu. Brinete za njega. Njegujete ga kako bi mogao rasti. Zahvalni ste mu. Uzbuđeni ste i radosni zbog njega. Kažete: „Jupi! Novac!" Novcu doprinosite i tako što ga štedite i dobro investirate, time se vaš novac širi i raste."

Lakoća, radost i slavlje

Jedan od najboljih alata koje sam od Access Consciousnessa dobila je mantra Accessa: **Sve mi u životu dolazi s lakoćom, radošću i slavljem.** Radi se o svemu u životu što vam dolazi s lakoćom i radošću i slavljem, ne samo ono što ste prosudili kao dobro. Odnosi se i na ono što ste prosudili lošim. Znate one dane kad se probudite, a život baš ne izgleda tako divno? Ili odete na posao pa ste frustrirani jer se stvari ne odvijaju onako kako ste mislili da bi trebale? Ili imate toliko toga obaveza, a nemate pojma kako ćete ih obaviti?

Bez obzira kakav dan imate, neovisno što se događa, izgovorite mantru „Sve mi u životu dolazi s lakoćom, radošću i slavljem". Recite to opet i iznova. Stvari će vam se početi mijenjati. Tražite pomoć od univerzuma da primite da vam sve u životu dolazi s lakoćom, radošću i slavljem.

Sve mi u životu dolazi s lakoćom, radošću i slavljem®

Poglavlje 6:

LJUDI I HUMANOIDI

Prestanak prosuđivanja samog sebe

Prije nego sam srela Garyja Douglasa i počela s tečajevima Access Consciousnessa, često sam se osjećala kao čudno stvorenje koje se ni u što na ovom planetu ne uklapa. Onda je jed-noga dana na tečaju Gary govorio o dvije različite vrste bića koje nastanjuju planet Zemlju – ljudi i humanoidi. Pitao je: „Kad ste bili dijete, jeste li bolje pisali domaću zadaću dok su radio i tv bili uključeni, a ljudi oko vas pričali? Dok se to događalo, jeste li sve s lakoćom napravili?" Takva sam bila ja.

Nastavio je dalje: „Humanoidima često govore da su u krivu zbog načina na koji nešto rade. Kažu im se da se trebaju usredo-točiti na jednu stvar." I to sam bila ja! Dok je Gary nastavio pričati o ljudima i humanoidima, shvatila sam da nisam bila u krivu, niti čudna. Jednostavno sam bila humanoid.

Humanoidi bolje rade kad imaju barem četiri ili pet različitih projekata ili nekoliko različitih poslova istovremeno. Ako humanoidi imaju samo jednu aktivnost, izgledalo bi kao da odugovlače. To ustvari nije odugovlačenje; oni samo trebaju raditi nekoliko različitih stvari kako bi radili brže. Kad ste na svojem računalu, je li vam istovremeno otvoreno deset različitih dokumenata? Ako je tako, vjerojatno ste humanoid. Svoje stvari obavljate brže od ljudi. Ljudi su skloni raditi sporo. Često vole raditi jednu stvar dok je ne završe, a onda idu na sljedeću.

Uživate li u onome što radite?

Humanoidi su skloni jako uživati u svom radu. Često im nije važno što rade. Uzbuđuje ih ono što mogu generirati. Njihov stav je: „Što sljedeće možemo raditi?" Ljudima je često neugodno reći da vole raditi. Niste li priznali da zapravo volite raditi — i da ste jedan od čudaka koji uživaju u poslu? Ili da funkcionirate iz radosti poslovanja? Ili da jeste radost poslovanja? Ljudi su skloni drugačijem pristupu. Oni kažu: „Uh! Srijeda je — tek je polovica tjedna!" ili „Danas je ponedjeljak — moram još pet dana raditi.".

Prosuđujete li sebe?

Još jedna velika razlika između ljudi i humanoida povezana je s prosudbom. Humanoidi su skloni prosuđivati sebe. Prosuđuju svoje pogreške ili se fokusiraju na ono što su mogli bolje učiniti, čak i kad postignu izvanredne stvari. Zvuči li vam ovo poznato?

Percipirate li uvijek da je nešto krivo s poslom kojeg ste obavili ili da je nešto mogli bolje, brže, ljepše ili jeftinije? Pa, znate što? Ništa što ste radili nije krivo! Vjerojatno ste humanoid, a humanoidi sebe nemilosrdno prosuđuju.

Suprotno tome, većina ljudi nemilosrdno prosuđuje druge. Umjesto da priznaju da svaka osoba ima drugačije sposobnosti i različite poglede na neki projekt ili posao, ljudi se vole tužiti, prosuđivati druge i razgovarati o tome što jesu ili nisu napravili. Njihovi su razgovori puni ovakvih komentara: „On je to trebao ovako učiniti„ ili „Ona je to mogla brže završiti". U njihovim očima rad drugih ljudi nikad nije ispravan.

Ljudi, humanoidi i novac

Još jedna razlika između ljudi i humanoida je u njihovom stavu o novcu. Većina ljudi je sretna kad dobije plaću, pa tako znaju koliko novaca imaju svakog mjeseca. Skloni su vjerovati da za svoj novac trebaju teško raditi i često im njihov posao izgleda težak i bez radosti.

Humanoide općenito novac manje brine i rijetko će se ustaliti na nekom posla samo zato da bi dobivali redovitu plaću. Njihov posao i život ne vrte se oko novca. To nije ono što ih motivira na kreaciju ili generiranje bilo čega. Više ih zanima kreativni aspekt posla. Ako vam ovo zvuči imalo poznato, mogli biste početi pitati da se novac pojavi u vašem životu. Što ako bi se kreativnost koja vi jeste mogla pretvoriti u dolare na vašem bankovnom računu?

Mijenjate li često posao ili zanimanja?

Većina ljudi prilično je zadovoljna kad život teče uobičajeno. Ne čine se zainteresirani bilo što promijeniti, dok humanoidi uvijek traže nešto drugo. Oni uvijek žele promjenu. Humanoid je jedan od onih koji u nekoliko godina promijeni 20 različitih poslova. Ljudi im kažu: "Ti nisi stabilan."

Humanoidi kažu: "Kako to misliš?" Oni jednostavno žele iskušati puno različitih stvari. Odgovarate li ovom opisu? Radite samo one poslove koje želite, brzo ih savladate, onda se počnete dosađivati i mijenjate ga? Radije biste umrli nego se ostatak svog života zalijepili na jednom mjestu? Pokušajte se ne vezati uz jednu stvar. To je antiteza onoga što vi kao biće jeste.

Prije nego sam saznala za ljude i humanoide, uvijek sam osjećala krivnju zbog neprekidnog mijenjanja i traženja nečeg drugačijeg. Uz to sam bila zbunjena zašto se neki ljudi nisu željeli mijenjati i nisu tražili više. Opis ljudi i humanoida pomogao mi je da to razumijem. Prestala sam se osjećati krivom zbog onoga što jesam. A i bolje sam shvaćala ljude oko sebe koji nisu željeli nešto više..

Što drugi vole raditi ili biti u poslovanju?

Razlikovanje ljudi i humanoida nije prosuđivanje. To je svjesnost da postoje dvije različite vrste bića na ovom planetu. Radi se o kreiranju više lakoće i jasnoće za vas i vaš posao, kao i za vaš život. Shvaćanje razlike između ljudi i humanoida dalo mi je svjesnost o tome što svaka osoba voli raditi i biti u poslovanju. Dalo mi je i jasnoću, lakoću i svjesnost kako se odnositi prema ljudima. Nadam se da će ova informacija imati isti učinak na vas i da će vas ohrabriti da se prestanete prosuđivati.

Što ako nikada niste u krivu?
Što ako prestanete prosuđivati sebe?
Kako bi izgledali vaš život i posao?
Biste li kreirali više ili manje novca?

Poglavlje 7:

OBAVITI MILIJUN STVARI S LAKOĆOM

Slijedite energiju

Nedavno sam razgovarala sa ženom koja ima mnoštvo različitih interesa i poslova i ona se pitala kako je sve to mogla uskladiti. Ljudi često imaju problema oko koordinacije različitih dijelova svog posla ili svog života, pa brinu hoće li moći sa svime održati korak. Opisuje li ovo vas? Suprotno onome što biste mogli pomisliti, biti super-organiziran nije rješenje. Morate slijediti energiju i funkcionirati iz vašeg beskrajnog prostora.

Pokušajte s ovom vježbom:

Na trenutak zatvorite svoje oči, proširite se prema van i osjetite svoje vanjske rubove. Proširite se do vanjskih rubova vašeg tijela – a onda nastavite dalje. Proširite se još više. Možete li osjetiti svoje vanjske rubove? Ili se još širite? Kad ekspandirate na ovaj način, možete imati svjesnost preko čitavog planeta. Kad se stisnete, svjesni ste samo dvoje, troje ili četvoro ljudi. Primijetite li da nemate svjesnost o čitavom planetu, vježbajte širenje svoje svjesnosti. Ovo je kao mišić koji se može razviti. Nastavite ovo vježbati.

Dok vježbate širenje u univerzum, vidjet ćete da možete puno lakše funkcionirati iz vašeg beskrajnog prostora. Ovo vam omogućuje daleko veću svjesnost o svijetu. Gdje god usmjerili pažnju, percipirate energiju onoga što se događa, a tamo gdje osjetite napor u nekom pravcu, fokusirajte se na to i znat ćete što treba učiniti

Kad imate 30 različitih projekata koji se istovremeno odvijaju, to ne znači da na svakom od tih projekata svakoga dana nužno morate raditi. To znači da su svi oni u vašoj svjesnosti. Ne isključujete ih iz svoje svjesnosti. Radi se o voljnosti da budete svjesni, da znate kada na nečemu treba poraditi ili kada treba nekoga pozvati da vam pomogne. Ovime se vraćamo na sugestiju da postavljate pitanja i dopustite univerzumu da vam pomogne. (Zapamtite, zaposlili ste univerzum za čitavu vječnost.)

Slijedite energiju

Slijediti energiju znači primati energiju za koju znate da vaš posao i vaš životu mogu biti te slijediti sve što se pojavi i odgovara toj energiji. Kad slijedite energiju za koju znate da vi možete biti, tada ne funkcionirate iz usklađenosti kao izvora povezanosti. Djelujete iz svojeg beskonačnog percipiranja, znanja, bivanja i primanja.

Mogućnosti su izvan shvaćanja vašeg logičkog uma. One su iznad vremena, dimenzija, realnosti i materije. Postavite pitanje i nemate pojma kako će izgledati odgovor ili što ćete trebati učiniti ili biti – spremni ste to biti i nešto poduzeti. Kad slijedite energiju, nikada ne znate što će se pojaviti. Kao što moj prijatelj dr. Dain Heer kaže: „Nikada ne izgleda onako kako mislite da će izgledati." Zato ni u jednom trenutku ne možete donijeti zaključak.

Slijedite energiju svoga posla

Dok sam imala svoj ured obično sam tamo išla svaki dan, ali bilo je dana kada posao i ja nismo željeli raditi. Brzo sam naučila kako da se izvučem iz ureda tih dana. Otišla bih u kino, na ručak, na plivanje ili bih radila nešto za sebe. Radila bih nešto što sam željela jer sam znala da neću biti produktivna ako ostanem u uredu. Drugih bih dana radila i nakon ponoći i tako napravila cjelotjedni posao u četiri ili pet sati. Nemojte se povoditi ni za čijim gledištem o tome što vaš posao zahtijeva. Ne možete si to priuštiti. Vi znate što je potrebno.

Kad radim, samo želim generirati. Ne vodim brigu o satima koje provodim radeći. Katkad ovo kreira zanimljive scenarije. U Dobrim vibrama surađivali smo s timom za logistiku i kad su vidjeli neredovite sate u našem radu, rekli su nam da trebamo raditi od devet do pet popodne. Mi smo se pogledali i rekli: „Što?" jer bismo ljude nazivali subotom u devet navečer. Slali bismo emailove nedjeljom popodne. Oni su rekli: „Sačuvajte sve svoje emailove i pošaljite ih u ponedjeljak ujutro." Uzvratili smo: „Što?" Netko je u Americi jednom rekao mom suradniku: „Simone me nazvala jučer, u nedjelju, mislim da nije shvatila da je ovdje nedjelja." Moj suradnik se nasmijao i rekao: „Simone ne bi shvatila da je bila nedjelja jer njoj je svaki dan radni dan, kao što je svaki dan blagdan. Praćenje energije i obavljanje stvari u svoje vrijeme i na svoj način dio je radosti poslovanja."

Što ako biste svoj posao i život svakoga dana iznova kreirali?

Prije dosta godina, putujući svijetom od mjesta do mjesta, svakoga sam dana susretala nove ljude. Radeći ovo shvatila sam da bih svoj život mogla svakoga dana iznova kreirati. Nisam trebala zadovoljavati očekivanja, niti ispunjavati obaveze. Mogla sam biti tko god sam željela biti. Mogla sam raditi što god me bila volja. Ništa nije bilo značajno. Svakoga sam dana sebe mogla kreirati drugačijom. Svaki je dan bio avantura. Probudila bih se ujutro i nikad nisam znala gdje ću pri kraju dana biti. Nikad nisam znala gdje ću jesti, gdje ću te noći spavati, koga ću toga dana sresti, ni kako će sve uopće izgledati.

Zašto takav isti osjećaj pustolovine ne bismo svakodnevno odabrali kreirati u našem poslovanju i našem životu? Kako bi bilo kad biste se svakodnevno nakon buđenja upitali: „Kako bih htjela da moj posao danas izgleda?" A kad biste svoj posao i svoj život svakoga dana iznova kreirali? Što ako biste slijedili energiju i funkcionirali iz svog beskonačnog prostora?

Što je beskonačni prostor?
To je prostor kojega kreirate u svojoj stvarnosti kad nema zaključaka, ograničenja, očekivanja – samo pitanje, zahtjev i izbor.

Poglavlje 8:

VI NISTE VAŠ POSAO

Jednoga sam dana prolazila ulicom u Sydneyu i netko je rekao: „Oh, to je gospođa iz Dobrih vibri!" Isprva mi je ovo bilo smiješno. Međutim razmišljajući o ovome, shvatila sam da sam se toliko identificirala sa svojim poslom da više nisam znala tko sam bez Dobrih vibri oko sebe. Mislila sam da sam ja moj posao. Sada znam da to nije istina. Moj posao je odvojeni entitet. To je nešto čemu pomažem. Svakoga mu dana doprinosim i dopuštam mu da on doprinosi meni, ali to ne znači da sam ja moj posao. Da sam si dopustila da ostanem u identitetu gospođe iz Dobrih vibri, nikad ne bih mogla primiti mogućnost rada u Access Consciousnessu. Bila bih zatvorila sve druge mogućnosti kako bih održala taj identitet.

Ako se identificirate sa svojim poslom i mislite da ste posao i vi isto, tada stvari nastojite usmjeravati na način na koji vi mislite da trebaju ići, a time nesvjesno ograničavate mogućnosti. Vidjeti sebe kao posao također znači da ako posao podbaci, i vi morate podbaciti ili ga morate na silu održavati na životu, umjesto da budete svjesni i kažete: „Ok, to je bilo zabavno. Sad je vrijeme krenuti dalje!" To je poput forsiranja nekog odnosa. Svi smo to pokušali raditi – i shvatili da to ne funkcionira. Ako je vrijeme da nešto otpustimo, onda otpustimo to.

Sve ima svijest, uključujući i vaš posao. Posao ima način na koji se želi razvijati, a kada to primite i dopustite, možete biti daleko uspješniji. Uvijek pitam svoj posao što bi želio raditi, gdje bi htio biti, koga bi želio sresti i koga bi volio uključiti. Možda nećete imati smislene odgovore na ova pitanja; to je u redu. Postavljajte pitanja i dopustite energiji da se pojavi i vodi vas do onoga što slijedi. Morate samo biti voljni primati i birati.

Postavljajte pitanja svom poslu i on će vam dati informacije. Ako pitate, vaš će posao zapravo kreirati i generirati energiju koja privlači klijente ili poslovne ugovore ili ono što je potrebno.

Mnogo je različitih pitanja koja možete postavljati svom poslu, projektu ili kompaniji:

+ *Što ti danas mogu doprinijeti?*
+ *Što bi sljedeće želio kreirati?*
+ *Što bi htio raditi?*
+ *Gdje bi danas htio biti?*
+ *S kim bi htio razgovarati?*
+ *Koga bi htio uključiti?*

Svjesnost da je vaše poslovanje odvojeni entitet olakšava vam život kao poslovnoj osobi – i dopušta vam puno više zabave. Biti posao vrlo je težak rad. Morate puno teže raditi kad sebe identificirate s poslom!

Nedavno sam primijetila da sam daleko ekspanzivnija dok radim kao svjetska koordinatorica za Access Consciousness, nego što sam u Dobrim vibrama za vas. Jednoga sam dana razgovarala s Garyjem i pitala:

– Zašto mogu imati toliki prostor i svjesnost dok radim s Accessom? Mogu vidjeti čitav svijet i još više od toga, znam što trebam učiniti i koga kontaktirati. Čini mi se da to ne mogu tako lako raditi s Dobrim vibrama.

– Zato jer si vlasnik Dobrih vibri – odgovorio je Gary.

Shvatila sam da je bio u pravu, pa sam redizajnirala svoje posjetnice za Dobre vibre. Sada glase: „Simone Milasas, svjetska koordinatorica" umjesto „Simone Milasas, vlasnica." Ovo mi pomaže zapamtiti da ja nisam Dobre vibre. Ja ne posjedujem Dobre vibre. Ja koordiniram poslovanje širom svijeta za Dobre vibre. To mi je pomoglo djelovati iz daleko šireg prostora.

O ovome sam razgovarala s jednom nadarenom glazbenicom i glumicom. Rekla je: „Ovo me fascinira. Volim glumiti i svirati, ali sam to odbijala raditi jer nisam htjela da me to definira. Mislila sam ako radim samo ovu jednu stvar, onda ne mogu raditi ništa drugo jer ja sam tada to. To je ono što jesam. Ne želim se na takav način ograničavati. Sada shvaćam da sve to mogu raditi ako se s time ne identificiram."

Što god vaš posao bio, to niste vi. Kada sebe definirate vašim poslom, ograničavate sve ono što možete biti, raditi, imati, kreirati i generirati. Prekidate svoju svjesnost i svoju sposobnost primanja beskonačnih mogućnosti. Ipak, kad svoje poslovanje vidite kao odvojeni entitet, a sebe kao facilitatora, imate daleko više slobode i prostora. Ne vezujete se za uspjeh ovog zasebnog entiteta i time možete primiti znatno više informacija o onome što je moguće.

Zaposlite svoj biznis

Jednom kada shvatite da je vaš posao zasebni entitet, tada ga možete zaposliti. Dajte mu do znanja da je njegov posao stvarati vam novac. Zatražite od njega da generira priljeve novca. Reći će: „Oh! Donosim ti novac? Ok!" Kad govorim o Dobrim vibrama, Radosti poslovanja ili Access Consciousnessu, često ih spominjem kao „jedan od poslova od kojih zarađujem novac." Ovo ih podsjeća da je njihov posao stvarati novac.

Svoje zaključke pretvorite u pitanja

Stanite na trenutak i pogledajte gdje ste sve donijeli zaključke o svom poslu. Svaki put kad kažete „ovo ne funkcionira" ili „ovo ne može funkcionirati" ili bilo koji drugi zaključak, vi ubijate svjesnost. Umjesto toga, pitajte svoj posao: „Koje bih pitanje mogla postaviti?" Recimo da imate farmu i odlučili ste da nije uspješna. Pokušajte pitati farmu:

- *Što ti je potrebno?*
- *Postoji li nešto što traži promjenu?*
- *Možemo li to promijeniti?*
- *Kako ćemo to promijeniti?*

Možda pokušavate uzgajati kukuruz, a farma želi uzgajati jabuke. Čega je zemlja svjesna? Hoće li uskoro doći do suše? Biste li trebali uzgajati nešto drugo? Sve ima svijest, pa svemu možete postavljati pitanja kako biste se informirali. Što ako biste svoj posao mogli tako kreirati i generirati, umjesto da sve sami smišljate??

Kad svom poslu postavljate pitanja, ne možete imati gledište o tome kako će glasiti odgovor. Morate biti voljni primiti energiju koju vam netko, uključujući i vaš posao, šalje. Primite svako gledište bez prosuđivanja. Pitajte: „Što bih ja htjela?", a onda oslušnite svoj posao ili projekt i upitajte: „Što je tebi potrebno?" Onda odaberite. Možete načiniti i drugi odabir, pa još jedan, jer svaki vaš odabir može biti dobar na deset sekundi. Izbor će uvijek kreirati više svjesnosti.

Sve posjeduje svjesnost uključujući i vaš posao.
Izbor kreira svjesnost, svjesnost ne kreira izbor.
~ dr. Dain Heer

Poglavlje 9:

METE NASPRAM CILJEVA

Što je za vas uspjeh?

Š to je za vas uspjeh? Većini ljudi uspjeh je novčana vrijednost. Radi se o količini novca na bankovnom računu ili o brojevima iskazanim na profitnoj ili gubitnoj stavci. Što ako je uspjeh u poslu nešto drugo? Što ako to ne znači samo profit? Što ako za vaš posao i za vas postoji veća meta? I što ako se novac pojavljuje kada generirate i kreirate energiju onoga što znate da je u vašem poslu moguće? Znate što? Upravo je tako!

Za mene, posao znači mijenjati svijet. Ja sam samo jedna osoba iz Australije koja želi mijenjati svijet. Kada bih odlučila da to nije moguće, ne bih pisala ove riječi ili facilitirala tečajeve o Radosti poslovanja. Ako jedna osoba pročita ovu knjigu ili ode s tečaja imalo promijenjena zbog nečega što sam rekla, onda sam uspješna.

Što je s vama? Dok razmišljate o tome što vam znači uspjeh, mogli biste početi razmišljati o svojim ciljevima. Prije nego to učinite, pozivam vas da razmotrite razliku između cilja i mete. Meta se uvijek pomiče. To je nešto u što možete stalno gađati čak i kad se stvari promijene. Cilj je, s druge strane, nešto što postavljate u mjesto. Cilj je rigidniji i čvršći. Uključuje očekivanja koja gotovo uvijek vode u razočarenje i prosuđivanje. I konačan je, dok je meta beskonačna.

Energija usmjerena na metu drugačija je od kretanja ka cilju. Ona je laganija. Cilj je više nalik na zatvor. Ako ne dosegnete taj cilj, prosuđivat ćete se. Ako ga dosegnete, mogli biste ga vidjeti kao konačnu završnu crtu. A što ćete tada učiniti? U svakom ćete se slučaju zaključati.

Koja je vaša meta?

Kad sam prijatelja pitala koju metu u svom poslu želi kreirati, rekao je:

– Nemam metu, htio bih samo stvoriti vinograd.

– Postaviš li pitanje, pojavit će se svjesnost o tvojoj meti – rekla sam te sam mu počela postavljati pitanja – JKoji bi utjecaj htio da vinograd ima na svijet ili ljude? Za koga je vino?

– Pa, ono što kod vina volim je intima koju često generira među ljudima. – odgovorio je.

Rekla sam: – Odlično. Evo jedne od tvojih meta. – A onda sam pitala: – Koja ti se još energija javlja povezana s kreiranjem vinograda?–

On je rekao: – To je poziv ljudima da uživaju u sebi i u vinu, te sudjeluju u eleganciji i dekadenciji života. To znači imati više od onoga što želiš ili više no što bi ova realnost dopustila. To je hedonističko. A tu je i energija rada i igre sa zemljom." –

– Odlično – odgovorila sam. – Voliš eleganciju, dekadenciju i intimu u svom životu kao i u poslu, i znaš da voliš raditi i igrati se sa zemljom.

– Tako je – odgovorio je – . Volio bih biti čuvar Zemlje.

Bio je to dobar početak postavljanja meta za generiranje njegovog posla jer, kao što sam rekla, mete se vječno mijenjaju.

Poznajem jednu facilitatoricu Access Consciousnessa koja želi kreirati svjesnost i svijest na planetu. To je njezina meta. Ona radi s muškarcima u zatvoru iako za to ne prima plaću. Rekla je: „Osjećam lakoću, nagradu, to me raduje i zabavlja. Donosi mi toliko toga u moj svijet." Birajući svakog tjedna raditi s ljudima u zatvoru, ona otvara univerzume ka više svjesnosti i svijesti.

Kad znate što je vaša meta i prepoznajete energiju koja vam se s tom metom pojavljuje, možete pozvati tu energiju u vaš život. Kad god se nešto ukaže što odgovara toj energiji, odaberite to. Nije važno je li to novac ili netko tko ulazi u vaš posao ili netko tko izlazi iz vašeg posla ili potpuna promjena proizvoda ili usluge. Ako je usklađeno s energijom vaše mete, idite za time.

Moja dugogodišnja meta bila je inspirirati ljude da na svijet gledaju na drugačiji način. Nisam znala kako će to izgledati; ipak, počela sam tu energiju pozivati u svoj život. Počela sam s Dobrim vibrama za vas, a zatim sam srela Gary Douglasa koji mi je predstavio Access Consciousness®.

U vrijeme kad sam razmatrala da li krenuti u San Francisco i na svoj prvi veliki tečaj Access Consciousnessa s Garyjem, bila sam prepuna dugova. Nisam bila sigurna je li to ispravno raditi, pa sam razgovarala s ocem koji je u to vrijeme bio moj računovođa. Otac mi je rekao:

– Pa, putovanje će te koštati 10.000 dolara kad sve zbrojiš. To je puno novca. Ipak, mislim da moraš otići i vidjeti je li to zaista ono što želiš raditi u životu. –

Na svoj vlastiti način savjetovao mi je da slijedim energiju i da svoj izbor ne temeljim na količini novca koji ću potrošiti na put, već na onome kako bih htjela da mi izgleda život. Vrlo sam mu zahvalna na tome.

Mogla sam navesti milijun opravdanja za neodlazak. Mogla sam reći: „Oh! Voljela bih ići, ali nemam novca. Ne mogu to" i time bih ubila buduće mogućnosti i sve ono što je moj život danas. Umjesto toga slijedila sam ono što je odgovaralo energiji onoga gdje sam željela biti, bez obzira kako izgledalo, i to je zapravo generiralo više svijesti na planetu, što odgovara mojoj prvotnoj meti. Što je još moguće?

Koliko ste budućih mogućnosti isključili? Biste li htjeli dekreirati i uništiti sve što to jest, bezbroj puta? Right and wrong, good and bad, POD and POC, all nine, shorts, boys and beyonds.

Koja je vaša meta? Što je to što biste htjeli kreirati, generirati i utemeljiti? Sve ono što niste bili voljni percipirati, znati, biti i prihvatiti, a odgovara vašoj meti, biste li to dekreirali i uništili, bezbroj puta? Right and wrong, good and bad, POD and POC, all nine, shorts, boys and beyonds.

Koristite pitanja za generiranje svoje profitne mete

Za svoj posao možete postaviti i profitne mete. Razgovarala sam s farmerom koji se bavio proizvodnjom mlijeka i rekao mi je: – Odlučili smo imati određeni broj krava, a one daju određenu količinu mlijeka, što će nam osigurati određenu količinu profita. Biramo ne povećati broj krava, ali želimo povećati profit. Kako to postići?

– Pa, trebate li više informacija? – upitala sam.

– Ne – odgovorio je, na što sam u šali dodala:

– Pa, mogli biste upitati ,Što našim kravama treba pružiti da budu čarobne i daju četiri puta veću količinu mlijeka?' Možda bi se to moglo pojaviti – ali sugeriram da budete svjesni onoga što jest i da na povećanu profitabilnost gledate na temelju količine mlijeka koju krave zapravo daju. A onda postavite pitanje poput ,Što još moramo učiniti ili dodati poslovanju kako bismo generirali našu profitnu metu?' Možda trebate završiti tečaj Access Consciousnessa ili možda trebate uzeti više krava. Ako ste voljni imati veću svjesnost, postoji mogućnost da možete generirate više. Možda trebate voditi još jednu farmu. Ne trebate biti njezin vlasnik; možete ju voditi, a vaša bi se opskrba mlijekom mogla udvostručiti. Mogli biste pitati ,Pa, ako ovo možemo raditi s jednom farmom, s koliko bismo još farmi mogli raditi?' Ili biste mogli pitati ,Kako se ograničavam stadom koje sad imam? Što je još moguće?"

Otada su povećali svoju lepezu proizvoda i odnedavno prodaju vrlo ukusno vrhnje visoke kvalitete koje je postalo vrlo popularno i dobro se prodaje.

Kad postavite metu, morate uzeti u obzir sve što je izvan i iznad vas. Morate biti spremni iskoračiti i nešto napraviti, inače nećete otići izvan onoga gdje se trenutno nalazite. Morate ići izvan sheme vremena, dimenzija, stvarnosti i materije. Morate reći: „Danas ću biti drugačiji. A sutra ću opet biti drugačiji."

Ne dopustite da vaše mete postanu odluke

Volim postavljati mete. Također sam svjesna načina na koji me mogu ograničavati. Mete mogu postati odluke koje blokiraju. Ili se možete vezati za ishod. Čim u nečemu ne osjećam lakoću i radost kao u početku kad sam to izabrala, znam da je to preraslo u odluku.

Kad sam s ljudima prvi put počela facilitirati procese Access Consciousnessa, bila sam vezana za ishod. Napravila bih s nekim seansu i kad bi izgledalo da „nisu shvatili", bila bih slomljena. To definitivno nije bila radost poslovanja! Sada sam promijenila pristup. Sada znam da osoba s kojom radim može ponijeti neki mali alat i taj mali alat može proširiti njegov ili njezin život na nezamisliv način. Nakon tjedan dana, nešto što sam rekla iznenada može zaživjeti. Promjena se pojavljuje na mnogo različitih načina. Ne možete biti vezani za ishod onoga što radite jer nikad istinski ne znate kakav će biti rezultat.

Na primjer, planirate održati tečaj. Napravili ste sve što možete kako biste ga oglasili i postavili svoju metu da se pojavi „x" polaznika. Odlično je imati metu – onda se od nje trebate odmaknuti. Što ako se pojavi samo jedna osoba? Nikada ne znate što ćete s tom jedinom osobom promijeniti. To se meni dogodilo. Prije nekoliko godina bila sam jedina koja se pojavila na uvodnom predavanju o Access Consciousnessu. Sjedila sam i slušala momka koji je govorio i mislila: „Ovaj je momak lud." Ali kad sam se sljedećeg jutra probudila, znala sam da je nešto vrlo drugačije. Nazvala sam ga i upitala: „Što ste mi učinili? Ja sam drugačija." Bio je to početak novog smjera u mom životu.

Recimo da želite ići na sajam, a vaša meta je da se povežete sa što više ljudi. Svoj uspjeh mjerite prema broju imena i telefonskih brojeva koje ste dobili. Možda je uspjeh nešto drugo. Što ako ste na neki način promijenili život osobe koja je uzimala karte samo time što ste bili svoji?

Zamislite što biste učinili kad biste znali da ne možete podbaciti

Katkad ljudi ne postignu svoje mete jer se plaše neuspjeha. A što je uostalom neuspjeh? Hajde, pokušajte ga definirati. Da li ikada zapravo podbacite? Ili nešto generirate što ne ispadne onako kako ste predvidjeli? Kakve to veze ima s „neuspjehom"? Mete su vječno u pokretu; one se uvijek mijenjaju.

Gdje god niste bili voljni funkcionirati iz pozicije „zamislite što biste učinili kad biste znali da ne možete podbaciti", hoćete li to uništiti i dekreirati, bezbroj puta? Right and wrong, good and bad, POD and POC, all nine, shorts, boys and beyonds.

Poglavlje 10:

BUDITE VOLJNI MIJENJATI

Stabla naranče ili stabla limuna?

Često susrećem ljude koji zaključuju što će njihovo poslovanje postati, umjesto da postave pitanja o tome što bi ono moglo biti. Dat ću vam primjer. Recimo da su neki ljudi odlučili pokrenuti firmu koja proizvodi narančin sok. Mogli bi pitati: „Što nam je potrebno?" Narančina stabla. U redu! Oni kupe hrpu stabala naranče i posade ih. Stabla počinju rasti i novopečeni su poduzetnici uzbuđeni zbog ukusnog soka kojeg će proizvoditi. I zaključe: „Prodavat ćemo najbolji narančin sok u zemlji," i počnu sređivati sve u svojoj firmi kako bi postala vrlo uspješna. Stabla i dalje rastu, a ljudi ih pažljivo njeguju. Zalijevaju stabla i dodaju gnojiva. Jednog se dana pojave cvjetovi. Postaju vrlo uzbuđeni. „Uskoro ćemo imati naranče!" A onda dođu i plodovi. Ali to nisu naranče – nego limuni.

Živjeti u beskonačnim mogućnosti bilo bi: „Oh! Limuni! Što je ispravno u tome, a nije nam jasno? Kakav posao možemo kreirati s limunima? Mogli bismo raditi limunadu – ili pite od limuna."

Većina ljudi ne bi tako postupila. Rekli bi: „Oh ne! To neće biti dobro" i posjekli bi stabla. Uništili bi nešto što im je univerzum darovao jer dar ne izgleda onako kako su očekivali. To se ne mora događati na ovaj način. Poslovanja i kompanije mogu se trenutno mijenjati ako ste voljni mijenjati ih. U stvari, čitav vam se život isto tako brzo može promijeniti; samo trebate biti voljni prihvatiti sve mogućnosti.

Pitanje, zahtjev, izbor i doprinos

Četiri elementa za promjene u vašem poslu i životu su pitanje, zahtjev, izbor i doprinos. Postavljate pitanje koje otvara vrata većim mogućnostima. Postavljate zahtjev za onim što želite i trebate, što kreira generativnu energiju potrebnu da bi se nešto dovelo u postojanje. A onda izabirete. Birate u desetsekundnim inkrementima znajući da ni jedan izbor nije fiksan. Izaberete nešto, a onda imate novu svjesnost i izaberete ponovno. Birajući postajete svjesni što je sve moguće. Sve ovo je doprinos; to doprinosi mogućnostima za vas i vaš posao.

Jeste li se voljni promijeniti?

Izuzetna će osoba kreirati biznis i biti direktor. Često osnivač koji djeluje kao direktor ostane blokiran u svojoj originalnoj viziji poslovanja i više ga ne želi mijenjati. To je zato što je većina osnivača sklona imati mnoga gledišta i zaključke dok započinju s poslom i tako ne mogu vidjeti trenutne i buduće mogućnosti. Imaju fiksirana gledišta o tome kako bi poslovanje trebalo izgledati, a ta gledišta rezultiraju blokadama u poslu. Kad novi ljudi dođu s nečim vrijednim, osnivač to ne može ni vidjeti, ni priznati. On ništa ne želi mijenjati, iako je promjena možda ono najpotrebnije. Na kraju ubije svoje poslovanje.

Zamalo sam to učinila s Dobrim vibrama za vas. Moja je meta s tim poslom bila promijeniti način na koji ljudi promatraju svijet. Kad sam srela Gary Douglasa i počela koristiti alate Access Consciousnessa, znala sam da to što Access nudi potpuno odgovara meti koju sam imala s Dobrim vibrama. Nakon kratkog sam vremena poželjela raditi Access Consciousness puno radno vrijeme. Mislila sam da zbog toga moram uništiti Dobre vibre za vas.

Gary je primijetio što radim i upitao me:

– Zašto moraš uništiti Dobre vibre?

– Jer sad želim raditi Access Consciousness®. (Primjećujete li pitanje u tome? Ne. To je bio samo zaključak)

– Zašto ne bi radila oboje? – upitao je. – Mogu li se Dobre vibre promijeniti? Ili bi mogla uvesti još nekoga u posao?"

Ta su pitanja promijenila moj život. Prije toga sam imala stav da moram imati samo jednu firmu. Bila sam usklađena s uvjerenjem da je jedna kompanija dovoljna za jednu osobu. Otada sam otkrila da meni jedna kompanija nije dovoljna. Nakon razgovora s Garyjem shvatila sam da uništavanje posla nije bila moja jedina opcija. Mogla sam ga promijeniti! Uposlila sam direktoricu, dala sam joj 50% posla i ona je započela s radom. To mi je omogućilo da radim posao koji sam željela u Access Consciousnessu, ali i da zadržim Dobre vibre za vas.

Koliko ste puta uzgajali narančina stabla, a ispali su limuni? Jeste li i nadalje pokušavali uzgajati stabla naranče (jer volite narančin sok) i odbili dopustiti da se pojavi nešto drugačije??

Maknite se sami sebi s puta

Izađite iz onoga što ste odlučili da vaš posao, kompanija ili projekt treba biti i postavljajte više pitanja. Morate biti voljni otpustiti vaš posao. Morate biti voljni dopustiti da baš svaki projekt na kojem ste radili dođe do svog kraja. Međutim, ne morate uništiti posao koji od vas zahtjeva nešto drugačije! Ovo nije jedina opcija. Umjesto da odlučite da je vaša kompanija ili projekt mrtav, ili da više to ne želite raditi, postavite pitanja:

- *Tko ili što može doprinijeti ovome?*
- *Što bih još svome poslu mogla dodati?*
- *Što bih još svome životu mogla dodati?*

Poslovni planovi i budžeti

Kada govorim o otvorenosti prema promjeni, ne sugeriram da svoje poslovanje ne trebate planirati. U redu je imati planove. Također trebate zapamtiti da gotovo ništa ne funkcionira onako kako ste zamislili. Imajte ovo na umu kad izrađujete investicijske planove ili budžete.

Kreirate li budžet koji ćete pokazivati investitorima, činite to iz „zanimljivoga gledišta". Morate li se držati budžeta? Ne. Dopustite da se mijenja. To će vam pružiti veću svjesnost. Dat će vam i nešto

što ćete pokazati investitorima koje želite privući. Možete im pokazati stvari o kojima govorite, na što biste htjeli potrošiti novac i kako biste htjeli da to izgleda.

Kad imate poslovni plan, mogli biste pomisliti da se sve što slijedi mora uklopiti u taj plan. Ako stabla limuna nisu u vašem poslovnom planu, mogli biste ih sasjeći prije nego razmotrite mogućnosti. Nisam protiv zacrtavanja poslovnih planova; samo znam da oni nisu zapisani u kamenu. Može li se plan promijeniti? Apsolutno. Može se promijeniti u sekundi, a vi morate dopustiti da se to dogodi. Kreirajte poslovni plan za svjesnost – a ne kao zaključak.

Ne možete zadržati svoje poslovanje na jednom mjestu. Morate mu dopustiti da se generira. To je kao uzgajanje vrta. Kad zasadite vrt, imate izbor. Posadite nešto, a ako to ne nikne, posadite nešto drugo. Nikad ne možete reći „Ovo će biti savršeno", vrt to nikad nije. On uvijek raste i mijenja se. Dopuštate mu da se mijenja i facilitirate ga. Vrt ne kontrolirate.

Možete imati veću svjesnost, kao i mogućnost da nešto trenutno promijenite. Ostanete li u „zanimljivom gledištu" u odnosu na financije, planove i projekte, dopuštate da se pojavi čarolija.

Što ako se čarolija nalazi izvan onoga
što ste uvijek zamišljali mogućim?

Poglavlje 11:

POKAŽI MI NOVAC

Znate li da postoji mnoštvo portala putem kojih vam može doći novac? Posao je samo jedan od portala kroz koji se novac pojavljuje. Ako nemate nikakav stav o tome kako vam novac može stići, tada mu dopuštate da dođe putem vašega posla kao i iz drugih smjerova.

Promatrate li stjecanje novca kao linearni poduhvat i vjerujete li da je posao portal za novac, tada je posao portal za novac. Postoje i drugi portali za novac. A posao je portal za druge stvari pored novca. Na primjer, on je portal za promjenu. Čim dođete do zaključka o tome otkud bi novac trebao doći, zaustavljate primanje iz bilo kojeg drugog smjera. Svaki put kad ste voljni doprinijeti kao i primiti doprinos u svemu, u odnosima, seksu, poslu, novcu, u bilo kojem dijelu svog života, vaša voljnost primanja otvara ono što je moguće..

Nedavno mi je prijatelj rekao da mu se sin obratio riječima:

– Tata, htio bih s tobom proputovati Australijom.

– A što ako bismo proputovali čitav svijet?? – odgovorio je tata, na što je sin dodao:

– Da, to odlično zvuči!

– Samo moram zaraditi nešto više novaca kako bismo to realizirali – dodao je tata.

Odgovor sina je bio zapanjujući:

– Ne brini za novac, tata. Ljudi ga cijelo vrijeme bacaju. Ja ću ga pokupiti i dati ga tebi!

Što ako biste zauzeli gledište ovog dječaka? Novac je svugdje. Ljudi ga čitavo vrijeme bacaju. Što ako je novac poput kisika? Vi svakodnevno dišete. Što ako biste baš tako mogli primati novac i ne biste se oslanjali na linearno gledište o tome kako se on mora pojaviti?

Kad sam srela Garyja Douglasa bila sam u dugu od 187.000 dolara. Vodila sam posao s mnoštvom dionica, ali nisam imala puno koristi, osim zabave. Odslušala sam Garyjev tečaj o poslovanju u San Franciscu gdje nam je dao nekoliko jednostavnih alata za novac. Bila sam inspirirana i upitala: „Što bi se dogodilo kad bih sve ove alate stavila u pogon?" Počela sam koristiti neke alate koje nam je dao i unutar tri i pol tjedna barem polovica moga duga je nestala. Imala sam neka luda gledišta o novcu i čim sam počela koristiti alate Access Consciousnessa kako bih promijenila ta gledišta, novac se počeo pojavljivati iz puno različitih izvora. Dio novca stigao je kroz moj posao, drugi dio u obliku poklona, a nešto je došlo slučajno iz neočekivanih mjesta. Rezultat svega bio je u tome da se novac odjednom pojavio u mom životu.

Jedno od onih ludih gledišta kojeg sam promijenila koristeći alate Accessa odnosio se na mog oca kojega sam apsolutno obožavala. On je jednom rekao: „Neću napustiti ovaj planet sve dok ne budem znao da su mi sva djeca financijski stabilna."

Moj brat i moja sestra bili su dobrostojeći, ali kao što sam već rekla, ja sam imala sam dugove. Jednog dana koristeći alat Accessa, odjednom sam shvatila: „Oh, sranje! Ja od sebe radim financijski nesređenu osobu kako bi moj otac mogao ostati živ!" Rekla sam mu to i nakon toga se sve u mom financijskom svijetu počelo mijenjati. Promijenila sam svoje suludo gledište i beskrajne su se mogućnosti počele pojavljivati.

Generiranje novca: zabava, zabava, zabava

Ne gleda svatko na generiranje novca kao na zabavu. Neki ljudi osjećaju da ne mogu generirati novac. Brinu o tome otkud će novac kojega trebaju doći ili se drže onoga što imaju. Gubitak novca za njih znači neuspjeh. Njihov je stav: „Ne mogu ovo iz-gubiti jer će trebati vječnost kako bih ga iznova generirao – zato ne mogu, ne smijem podbaciti." Toliko se drže onoga što imaju da više ne mogu primati.

Zatim ima onih koji uvijek pokušavaju smisliti kako dobiti no-vac. Kažu: „Napravit ću ovo, ovo i ono. Koliko ćeš mi za to platiti?" Čini se da ljudi koji pokušavaju smisliti kako zaraditi novac nikad u tome ne uspijevaju, a oni koji generiraju iz zabave su ti kojima se novac pojavljuje.

Gdje god ste tražili novac kako biste kreirali zabavu, umjesto da samo budete radosni i dopustite novcu da se pojavi, istina, hoćete li to uništiti i dekreirati, bezbroj puta? Right and wrong, good and bad, POD and POC, all nine, shorts, boys and beyonds.

Novac slijedi radost.
Radost ne slijedi novac.

Jeste li voljni da vas vide kao bogatog i uspješnog?

Nedavno sam doživjela da sam u očima svoje šestogodišnje nećakinje bila bogata. Ona je žarko željela iPod, pa sam joj ga kupila. Sjedila je na podu i igrala se njime i odjednom rekla uzdahnuvši:

– Teta Simone, drago mi je što si bogata – i navela je niz stvari koje sam joj kupila

Bila sam sretna što je sve to cijenila. Biti bogat za nju je vrlo dobra stvar. Je li tako i vama? Kako reagirate kad netko misli da imate puno novca? Moj je stav „To je odlično, prihvatit ću prosudbu da imam mnogo novca." Što više ljudi prosudi da imate novca, to se zapravo više novca u vašem životu pojavljuje.

Jeste li primijetili način na koji ljudi prosuđuju ili projiciraju stvari o vama na temelju automobila kojeg vozite, odjeće koju nosite i nakitu kojeg nosite ili ne nosite? U ranim danima Dobrih vibri za vas vozila sam stari Toyotin kombi. Bila sam svjesna da su ljudi prosuđivali da mi je posao više-manje dobar i da nisam osobito uspješna. Mislili su da krstarim kroz život i da nemam poriv kreirati više uspjeha – a bilo je i neke istine u tome. Onda smo nabavili bolji kombi s lijepo dizajniranom slikom koja je uključivala naš logo i nadahnjujuće rečenice. Bilo je zanimljivo vidjeti kako su me drugačije prosuđivali. Djeca bi mi mahala dok sam se pored njih vozila, a u prometnoj gužvi ljudi bi me puštali ispred sebe. Napokon, bio je to kombi Dobrih vibri za vas.

Jednog dana nakon što sam već neko vrijeme radila Access Consciousness, kupila sam BMW kabrio. Moja se obitelj nije puno obazirala na Access Consciousness i nikada me nisu pitali o tome, sve dok nisam stigla na božićnu proslavu u svom novom autu. Toga me dana skoro svatko u obitelji upitao: „Pa što je točno Access Consciousness? Što ti radiš?" Sa svojim sam BMW-om kreirala prosudbu „uspjeha" i ljudi su htjeli otkriti čime se to bavim.

„Oh! Morate biti bogati!"

Jedna poslovna žena iz Koreje koja živi u Seoulu rekla mi je da ona i njezin muž žive u vrlo bogatom dijelu grada i kad ju Koreanci pitaju gdje živi, ona im ne želi reći. Ne želi čuti kako govore: „Oh! Morate biti bogati!" pa kaže da živi u nekom drugom dijelu grada. Sugerirala sam joj da se s time poigra: „Slobodno recite ljudima gdje živite, i kad oni kažu ‚Oh! Morate biti bogati!', smiješite se i recite ‚Da, volim tamo živjeti, imamo toliko mnogo prostora.' I tada promatrajte što se događa.'"

Prijateljica iz Eumundija, gradića u Queenslandu u Australiji, dobro se zabavlja s prosudbama o bogatstvu i zarađivanju mnogo novaca. Rekla mi je da svaka dva ili tri dana uzme gotovinu s posla i preda ju u banku. Žena koja radi u banci pretpostavlja da je to jednodnevna zarada i kaže ovakve primjedbe: „Opa! Danas ste imali dobar dan, zar ne!" Moja se prijateljica uvijek smješka i kaže: „Da, jesam!" i prihvaća prosudbu da je zaradila puno novaca

Suprotstavite ovo gledište ideji da trebate imati toliko malo novaca kao i svatko drugi. Jeste li ikada čuli dvoje ljudi da ovako razgovaraju: jedan kaže „Oh, tvoj ured je tako velik i lijep," a drugi odgovori: „Oh! Trebao bi vidjeti kolika je najamnina za taj prostor.

A osiguranje je veliko do neba! Ali moram imati lijepi prostor za susrete s klijentima." A što ako bi on jednostavno odgovorio: „Da, volim raditi ovdje. Super je tu, zar ne? Što je još moguće?.

Znate li ljude koji vole vrištati da su jadni. Stalno čujem kako govore koliko su siromašni, a druga osoba ih pokušava nadmašiti i kaže da je u još lošijem stanju. Nikad ne čujete da netko kaže: „Imam hrpu novca! Dobro sam i zgodna sam! Upravo sam se vratila s fantastičnog odmora." Nitko ne govori na ovaj način. Umjesto toga ljudi se usklađuju s onim što drugi jesu i što rade. Je li vrijeme da se to promijeni? Jeste li voljni biti drugačiji? Jeste li voljni imati hrpe novca?

Jeste li voljni primiti prosudbu kako imate puno novca? Gdje god niste bili voljni primiti prosudbe o tome koliko ste bogati ili koliko mnogo novca imate, istina, hoćete li to uništiti i dekreirati bezbroj puta? Right and wrong, good and bad, POD and POC, all nine, shorts, boys and beyonds.

Ljudi će vas ionako procjenjivati, pa zašto onda ne kreirati prosudbu da ste bogati i uspješni?

Ne radi se o novcu

Kad sam započela s Dobrim vibrama za vas znala sam reći: „Posao ne postoji da bismo zaradili novac. On je tu zbog radosti poslovanja." Bilo je to donekle istinito, a onda sam jednog dana malo dublje pogledala u to i primijetila energiju koju sam kreirala kad sam rekla: „Ne radi se o novcu." Shvatila sam da sam uhvaćena u odluku o zarađivanju novca. Vidjela sam da nastavim li tako, neću primiti puno novca.

Dobila sam svjesnost da se skrivam iza izjave „Ne radi se o novcu." Bio je to način da se osjećam „sigurnom". Nisam htjela biti visoki mak. Kada sam to osvijestila, upitala sam se: „Što ako se tu radi i o zarađivanju novca?" Počela sam pitati: „Što je potrebno da zaradim gomile novca i da imam radost poslovanja?".

U tim ranim danima Dobrih vibri za vas, moj se nedostatak primanja pokazao u prodaji majci. Čim bi netko rekao: „Volim vaše majice," bila sam gotova. Bila je to moja meta. Osoba bi pitala može li kupiti jednu majicu, a ja bih rekla: „Svakako, želite li popust? Dat ću vam dvije za cijenu jedne!" Htjela sam im dati jer za mene „posao nije bio tu zbog novca. Bio je tu zbog kreativnosti." Nakon što sam poradila na mojoj sposobnosti primanja i povećala svoju svjesnost, došla sam do točke da sam mogla reći: „Oh! Sada novac mogu primiti! Želite li majicu? Cijena je 35 dolara."

Gledajte u svoju metu u poslu ili projektu, što god to bilo i pitajte:

- *Što ako sam voljna primiti i novac?*
- *Što ako tražim da se novac pojavi, a svoju metu i dalje držim na mjestu?*

Također možete povećavati svoju sposobnost primanja više novca postavljajući ovakva pitanja:

- *Što treba činiti da se novač počne pojavljivati?*

Gdje god sam danas odbila pozvati novac, uništavam i dekreiram to, bezbroj puta. Right and wrong, good and bad, POD and POC, all nine, shorts, boys and beyonds.

Koje zahtjeve želite postaviti?

U Australiji imam odličnu računovotkinju. Jednog me dana upitala koji zahtjev želim postaviti u vezi količine novca koju ću osobno primati od Dobrih vibri za vas. Gledala sam u nju i rekla:

— Ne mogu postaviti takav zahtjev jer imamo sve te račune.

— Tvrtka Dobre vibre za vas odlično prima račune i rado bih da mi dokaže suprotno — odgovorila je i upitala sljedeće: — JKoji iznos biste osobno zahtijevali od Dobrih vibri za vas?

To me uznemirilo i počela sam objašnjavati:

— Imamo račune. Imamo dugovanja. Imamo investitore. Imamo ljude koje trebamo najprije isplatiti.

Gledala je u mene i još jednom upitala:

— Koji zahtjev ste voljni postaviti od poslovanja?

Odjednom sam shvatila. Rekla sam:

— K vragu! U pravu si — i rekla sam joj iznos koji bih htjela svakog mjeseca primati od kompanije.

Ako niste voljni postaviti zahtjev o onome što od poslovanja hoćete, shvatit ćete da posao uvijek donosi račune. Radi se o vrednovanju sebe i svog doprinosa poslu.

Tu je jedna vježba koju možete raditi. Prakticirajte izgovarati sljedeće:

+ ***Mogu li sada dobiti novac, molim?***

Ponovite to deset puta, i još više i još više puta!

+ ***Mogu li sada dobiti novac, molim?***

+ ***Mogu li sada dobiti novac, molim?***

+ ***Mogu li sada dobiti novac, molim?***

- ✦ *Mogu li sada dobiti novac, molim?*
- ✦ *Mogu li sada dobiti novac, molim?*
- ✦ *Mogu li sada dobiti novac, molim?*
- ✦ *Mogu li sada dobiti novac, molim?*
- ✦ *Mogu li sada dobiti novac, molim?*

I dok nastavljate postavljati ovaj zahtjev, primijetite postaje li vam laganije i počinjete li zapravo primati više novca, više posla i više radosti.

Koliko naplaćujete svoje proizvode ili usluge?

U vrijeme kad sam uvozila poludrago kamenje iz Indije, prodavala sam rozenkvarc koji se zvao kamen ljubavi i bio je vrlo omiljen. Išla sam ravno do izvora eliminirajući posrednika i na taj se način zarada nevjerojatno povećala. Kupila bih ga za 15 dolara po komadu, a prodavala za 130 dolara. Često sam prodavala kamenje u kombinaciji sa srebrom iz Rajasthana gdje su ručno izrađivali divne ukrase, i to mi je dopuštalo da još više povećam cijenu.

U jednom sam trenu imala zanimljivo otkriće. Odlučila sam se riješiti svoje zalihe nakita i drastično sam smanjila cijene. Budući da sam tako malo za njega platila, mogla sam si to priuštiti. Ako sam imala prsten kojeg sam kupila za 15 dolara, za njega bih tražila 25 dolara. Mislila sam da ću ih tako brže prodati, ali sam otkrila nešto što nisam očekivala: nitko ih nije htio kupiti. Ljudi bi pretpostavili: „Oh, to je samo jeftin komad nakita." Međutim, kad bih stavila originalnu cijenu: 130 dolara i sniženu cijenu: 80 dolara – tada su kupovali. Mislili su: „Oho, ovo je odlična cijena za krasan prsten!" Naučila sam da sam utjecala na način na koji su ljudi razmišljali o mojim proizvodima sa cijenom koju sam na njih napisala. Uz nižu cijenu, ljudi su zaključili da dobivaju nešto jeftino i sa greškom, dok su s višom cijenom mislili da su jako dobro prošli.

Iznos koji od ljudi tražite utječe na njihov način percipiranja vašeg proizvoda ili usluge. Što to za vas znači? To znači da trebate odrediti iznos za vaš proizvod ili uslugu uz koji se osjećate ugodno – a onda ga povećajte! Vaši kupci i klijenti će vama i vašem proizvodu iskazivati veću zahvalnost.

Koliko ste novca voljni primiti?

Nedavno sam dobila mlijeko za lice od prijateljice kozmetičarke. Kad je završila, pitala sam koliko sam joj dužna. Spustila je glavu, promiješala neke papire i promrmljala:

– 95 dolara.

– Što je to – upitala sam.

– Što? – odgovorila je pitanjem.

– Koja je energija s tih 95 dolara? – upitah

– A, to! – izustila je – Mrzim tražiti novac od prijatelja.

–Koliko sam ti dužna? – ponovno sam upitala.

Opet je spustila glavu i odgovorila:

– 95 dolara.

– Koliko je to? – pitala sam ju.

Konačno me je pogledala u oči i jasno rekla:

– 95 dolara.

Dala sam joj 120 dolara.

Morate biti voljni tražiti novac od ljudi! Koliko ste voljni primiti za jedan sat vaše usluge? 50 dolara, 100 dolara, 1.000 dolara,

10.000 dolara, 20.000 dolara? Ako radite s ljudima prema satnici i naplaćujete po satu, upitajte:

+ *Koji mi je iznos ugodno tražiti?*

Ako vam je ugodno tražiti 80 dolara po satu, onda tražite 100 dolara. Uzmite iznos koji vam je ugodan i povećajte ga. Mislite o njemu kao o poklonu za to tko ste i što ste. Ne radi se o tome koliko vrijedite – daleko ste vredniji od bilo kojeg iznosa kojeg naplaćujete. To je samo novac. Zabavljajte se s njim.

Pretpostavljam da vam nije ugodno raditi prema ovoj ideji, pa ću još jednom ponoviti. Kad nečemu odredite cijenu, budite svjesni toga jeste li u svojoj zoni komfora. Da li vam je neugodno tražiti određeni iznos? Odgovara li to energiji s kojom funkcionirate? Koju iznos biste po satu naplatili kako bi bilo zabavno? Što bi bila radost poslovanja?

Premalo novca? Previše novca?

Nedavno mi je poznanica rekla da se više ne druži s nekim ljudima jer oni sada zarađuju previše novca.

Bila sam šokirana. Upitala sam: „Zašto se s nekim ne biste viđali jer zarađuje previše novaca?" Bi li to ograničilo količinu novca kojega ste u svom poslu i životu vi voljni primiti? Da!

Jeste li odlučili da u svojoj stvarnosti ili u svom univerzumu ne možete imati ljude koji premalo ili previše zarađuju? Što vam je neugodnije, premalo ili previše? Sve su to prosudbe. Dozvoljavate li sebi ovakav vid usklađenosti, svom univerzumu ne dopuštate širenje i prihvaćanje doprinosa.

Zaustavljate li sebe?

Katkad mi ljudi kažu da imaju odličnu ideju za posao, ali ne mogu započeti jer nemaju novca. Ili odaberu ne upustiti se u posao koji zahtijeva kapital jer vjeruju da moraju podići sva sredstva prije nego što počnu. Dopuštaju da ih ideja „nemam novca" zaustavi. Radite li vi to? Što da ste voljni funkcionirati iz ideje da će se novac pojaviti kada ga budete trebali? Što ako ne biste dopustili da vas manjak novca zaustavi? Umjesto da kažete „Oh, ne možemo to raditi jer nemamo novca", zapitajte se: „Što je potrebno kako bismo generirali ono što želimo i trebamo?"

Želiš li zapravo jastoga?

Ako postoji nešto što u životu istinski želite, tada si udovoljite. Mislite li da s nekim želite biti u odnosu, onda s njim ili s njom budite u odnosu. Želite li jesti jastoga, onda jedite jastoga. Budite svjesni da u trenutku dok gledate u jelovnik u skupom restoranu i razmišljate: „Voljela bih jastoga, ali si ga ne mogu priuštiti, pa ću jesti pileću salatu," rekli ste ne primanju. Upravo ste odbili pozvati novac u svoj život. Odbijate li pozvati novac u svoj život? Ako je tako, ovdje je proces kojega možete prakticirati na kraju svakog dana:

Uništavam i dekreiram gdje god sam danas odbila pozvati novac u svoj život. Right and wrong, good and bad, POD and POC, all nine, shorts, boys and beyonds.

Trebate li, kao beskonačno biće, novac?

Ponekad ljudi kažu ovakve stvari: „Zarađivanje novca nije mi toliko važno." Odgovaram im: „To je točno. Da vam je novac uistinu važan, imali biste ga na tone." Potom ih pitam: „Trebate li novac za sebe ili trebate novac za svoje tijelo?"

Vi kao biće ne trebate novac. Međutim, trebate novac za svoje tijelo – za odjeću koju nosite, za krevet u kojem spavate i za sjedište u prvoj klasi aviona dok putujete. Ignorirate li ono što vaše tijelo hoće? Što ako je došlo vrijeme da budete ljubazni prema svom tijelu? Što ako biste svoje tijelo uključili u računicu vašeg poslovanja? Koliko bi novca vaše tijelo voljelo kreirati i generirati?

Jeste li primijetili određeno uzbuđenje u svom tijelu dok ste čitali ova dva posljednja pitanja? Mogli biste isprobati ovaj proces:

Koja energija, prostor i svijest moje tijelo i ja možemo biti što bi nam dopustilo da imamo svoj vlastiti novac? Sve što ne dopušta da se to pojavi, uništavam i dekreiram bezbroj puta. Right and wrong, good and bad, POD i POC, all nine, shorts, boys and beyonds.

Primijetila sam vrlo zanimljivu promjenu nakon što sam prvi puta pokrenula ovaj proces. Ja baš nisam najurednija osoba na svijetu. Kada putujem, uđem u hotelsku sobu, a moj kofer eksplodira i stvari se razbacaju posvuda. U Italiji smo imali tečaj Access Consciousnessa baš nakon što sam pokrenula ovaj proces i sve se promijenilo. Umjesto da razbacam svoje stvari svuda po sobi, stavila sam sve na svoje mjesto. Sve je postalo uredno. Kupaona je bila uredna. Moja odjeća je bila u ormaru. Papiri su bili na stolu. Svoje sam okruženje učinila estetski ugodnim. Ranije to nisam htjela raditi. Ovo proizašlo iz pitanja da moje tijelo i ja da imamo svoj vlastiti novac. Prethodno, moje tijelo nije bilo dio računice. Sada jest.

Proširite sebe po čitavom univerzumu. Proširite se u mjesta na koja niste bili voljni ići, kako biste pristupili svom novcu i svim poslovnim mogućnostima koje su dostupne. Širite se, izvan vremena, dimenzija, stvarnosti i materije. Širite se izvan svoje mašte jer vaša je mašta ograničena. Ona zna samo to što ste već radili. Širite se izvan svojeg logičkog uma, zaronite u sve to, u sva mjesta na koja niste bili voljni ići, kako biste pristupili svom dostupnom novcu. Sve što ne dopušta da tome pristupite, hoćete li to uništiti i dekreirati, bezbroj puta? Right and wrong, good and bad, POD and POC, all nine, shorts, boys and beyonds.

Poglavlje 12:

POZOVITE NOVAC U SVOJ ŽIVOT

Biste li u svom životu voljeli imati više novca? Ovdje je velik broj alata koje možete koristiti za pozivanje novca u svoj posao i u svoj život.

Što je još moguće?

Kako može biti bolje od ovoga?

Već sam govorila o upotrebi ovih pitanja; ipak, ona su toliko važna i toliko primjenjiva ako želimo primati i imati novac, da ih želim i ovdje uključiti.

Svaki puta kada primite novac, pitajte:

* *Što je još moguće?*
* *Kako može biti bolje od ovoga?*

Svaki put kad platite neki račun, pitajte:

* *Što je još moguće?*
* *Kako može biti bolje od ovoga?*

Kad plaćate račun za struju, budite zahvalni. Imate osvjetljenje, možete uključiti svoje računalo i možete se javiti na telefon. Budite zahvalni za ono što imate jer ako niste zahvalni za to što imate, nesposobni ste primiti više. Na primjer, upravo ste zaradili 20 dolara. Mogli biste reći: „To nije ništa. Trebala sam zaraditi 120 dolara." Ne gledajte na ono što niste zaradili. Gledajte ono što jeste zaradili, budite za to zahvalni i onda postavite pitanja. Ne ovako „Oh, ovo nije dovoljno!", već „Oho, kakva sam ja sretnica što imam ovih 20 dolara? Što je još moguće?"

Što je potrebno da mi se ovaj novčani iznos deset puta vrati?

Kad plaćate račun, trebali biste pitati:

* *Što je potrebno da mi se ovaj novčani iznos deset puta vrati?*

Što volim u tome što nemam novca?

Često susrećem ljude koji se tuže da nemaju novca. Pokušavaju sve što mogu, ali nikad ga nemaju dovoljno. Oni svoj život zapravo kreiraju na temelju „neimanja novca", umjesto na onom što im daje radost ili što odgovara energiji života kakvog bi voljeli imati. Djelujete li i vi ovako? Jeste li koristili „neimanje novca" za kreaciju svog života i načina na koji živite? Ako smatrate da „nemate novca", je li to zato što ste odlučili da u „neimanju novca" postoji nešto vrednije od imanja novca? Biste li to voljeli promijeniti? Upitajte:

* *Što volim u tome što nemam novca?*

U početku bi vam ovo pitanje moglo smetati pa biste se mogli pitati: „Kako bi ovo pitanje moglo imati ikakvu vrijednost?" ili biste se mogli razdražiti i reći: „Nemam pojma!" U svakom slučaju, nastavljate li kreirati nešto što ne funkcionira, to vjerojatno radite zato što nešto u tome volite. Ako ste voljni primiti svjesnost o tome koju vrijednost ono za vas ima, sve možete promijeniti. Mogli biste se iznenaditi otkrivši da besparica zapravo funkcionira na čudan i nepoželjan način. Mogli biste dobiti potpuno drugačiju perspektivu o svojoj financijskoj situaciji.

Koja je vrijednost neuspjeha u poslu?

Kao što sam ranije spomenula, luda vas gledišta blokiraju. Ako vaš posao nije „uspješan", možete postaviti pitanje za promjenu energije. Pokušajte ovo pitati:

* *Koja je vrijednost neuspjeha u poslu?*

Ako ste voljni primiti svjesnost,
možete bilo što promijeniti.

Da novac nije problem, što biste izabrali?

Ne dopustite da vam novac ili besparica kontroliraju život. Što ako biste svoju stvarnost kreirali na temelju onoga što odgovara energiji koju vi želite?

Kad sam prvi put krenula s tečajevima Access Consciousnessa, čula sam za sedmodnevne susrete koja se održavaju u Kostariki. Stvarno sam htjela sudjelovati u jednom od tih događaja, ali Kostarika je otprilike na drugoj strani svijeta od Australije. Odlučila sam da je Kostarika egzotično mjesto do kojeg ljudima iz Australije nije lako doći. Osjećala sam se prilično beznadno da ću ikada onamo doći. Činilo se da bi moglo koštati previše novaca. I taj izbor je bio sasvim drugačiji. (Zapazite veliku količinu pitanja koja sam postavila? Ne!)

Jednog sam dana gledala fotografije koje je prijatelj snimio na nedavnom sedmodnevnom susretu u Kostariki. Primijetio je da sam pomalo tužna. Pitao je:

– Što je to?

– Pa, dok gledam sve ove fotke, a tu je jedna koja mi se posebno sviđa, mislim da nikad onamo neću moći otputovati. Nikad si to neću moći priuštiti – odgovorila sam.

– Koja ti fotka izgleda tako sjajno? – upitao me prijatelj.

– Ova– pokazala sam.

On se nasmijao i rekao da gledam u snimak koji je nastao u Darling Harbouru u Sydneyu, u Australiji. Bio je pomiješan s fotografijama iz Kostarike.

– Ohh! – odgovorila sam. – Od Brisbanea do Sydneya je lako. Tamo mogu otići!

Čim sam ovo izgovorila, vidjela sam kako svojim odlukama i razmatranjima o *neimanju novca* dopuštam da mi kontroliraju život. Uvidjela sam ludost donošenja ovakvih odluka. Mislila sam: „Što ako samo odaberem i postavim zahtjev, a novac se pojavi?" To upravo tako funkcionira. Slijedite li energiju onoga što želite kreirati i generirati i voljni ste prihvatiti sve, novac će se pojaviti. Upitajte:

 • *Kad novac ne bi bio problem, što bih izabrao?*

Deset posto je za VAS

Jedan od Accessovih alata za novac, na kojeg se ljudi najčešće žale, je alat koji mi je toliko toga promijenio, a to je stavljanje 10% svoje zarade na stranu. Ovo ne znači štedjeti 10% za crne dane ili za neki veliki račun ili za neki dobar razlog da ga potrošite. To znači staviti na stranu 10% vaše zarade – ne za trošenje – već kao način poštovanja prema sebi. Napravite to prije plaćanja bilo kojeg računa, stanarine ili kupovine potrepština.

Kad odložite ovaj novac sa strane za sebe, univerzumu poručujete da imate vrijednost. Univerzum je banket i želi vas darivati. Vi pokazujete da imate novca, volite novac i voljni ste imati više. Dok to radite, univerzum će priznati ono što tražite. Darivat će vam više novca. Počnete li ovaj novac trošiti, tada pak univerzumu govorite da nemate dovoljno, pa zato uzimate od novca kojega ste iz poštovanja prema sebi stavili na stranu. Time pokazujete da imate manje i da ne možete zaraditi više. A to će vam univerzum i dati – manje.

Čula sam Garyja i Daina dok su objašnjavali ovaj alat, i mislila sam: „Da, da, tih 10% opet. Bla, bla, bla. Staviti ovaj višak novca u novčanik daje vam osjećaj da ste bogata osoba... da, bla, bla, bla." I tako nisam stavljala na stranu tih 10% od moje zarade.

Onda sam se jednog dana upitala: „Što je najgora stvar koja bi se mogla dogoditi ako to radim? Morala bih potrošiti novac koji sam stavila na stranu. Ok, mogla bih i ovo isprobati."

Tako sam i pokušala, a sada to obožavam! Neki ljudi drže svojih 10% u gotovini. Ja ih volim držati na posebnom bankovnom računu. Volim prebacivati novac na ovaj račun i gledati kako raste. Također sam si kupila zlato, srebro i dionice samo zato jer ih je zabavno imati.

Jednom kad imate određeni iznos novca na svom 10%-tnom računu, primijetit ćete promjenu u svom odnosu prema novcu kao i razini svoje brige za njega. Iznos je drugačiji za svaku osobu. To može biti iznos potreban za tri mjeseca življenja. Recimo da je to 4.000 dolara mjesečno. Kad imate 12.000 dolara na svom 10%-tnom računu, u svom univerzumu počinjete imati osjećaj lakoće. Nekako znate da će sve biti u redu. Imate mir s novcem. To je dio onoga što vam vaš 10%-tni račun stvara. Vodi vas do saznanja da zapravo *imate* novca.

Jeste li voljni biti u miru s novcem? Stavite na stranu 10% vaše zarade kao način samopoštovanja i pokazivanja univerzumu da imate novca, da volite novac i da ga želite imati još više. Nemojte potrošiti vaših 10%. Umjesto toga, gledajte kako raste i uživajte u tome koliko novca *imate*!

I 10% za vaše poslovanje

Trebali biste također staviti na stranu 10% od prihoda svog poslovanja. To nije za vas – nego za poslovanje. Mi stavljamo na stranu 10% od svakog iznosa koji dođe u Dobre vibre za vas. To je za Dobre vibre. Radeći tako poštujemo poslovanje.

Mogli biste navesti milijun opravdanja zašto vam ovo neće funkcionirati. Ovdje sam kako bih vam rekla da to djeluje. Vaše poslovanje ima posao koji treba obaviti. Poštujte svoj posao i pokažite mu da ima vrijednost time što stavljate na stranu 10% od bilo kojeg prihoda. Radite to prije nego što platite bilo koji račun. Radeći to, i vi i vaše posao počet ćete donositi izbore temeljene na onome što je ekspanzivno, a ne „Kako ćemo platiti ovaj račun?" To mijenja dinamiku poslovanja i protok vašeg novca. Pokušajte i pratite što će vam se događati.

Poglavlje 13:

ODNOS PREMA FINANCIJAMA
Neki praktični detalji

Prije puno mi je godina otac, koji je bio računovođa, govorio o računovodstvu i vođenju poslovnih knjiga za moj posao. Lupkala sam nogama i govorila:

– Ne želim znati o tome! To je dosadno. Imam drugih stvari za raditi..

Nacrtao je veliki grafikon koji je sadržavao elemente potrebne za uspješno poslovanje. Sektor računovodstva bio je prilično velik. Rekla sam:

– Ne želim raditi sve te računovodstvene stvari. Evo kako bih ja nacrtala grafikon.

Nacrtala sam ga tako da je velik dio prikazivao generativnu, kreativnu stranu poslovanja, a samo je djelić ostao za računovodstvo.

Gledao je u moj grafikon i rekao:

– Da, ali ako ne poznaješ računovodstvo, tvoje poslovanje neće postojati.

Shvatila sam da je u pravu. U svom poslovanju ne možete funkcionirati sa svjesnošću ako ne razumijete zaradu i gubitak ili ako ne znate koliko novca imate na svom bankovnom računu. Potrebne su vam neke temeljne, praktične informacije o tome kako funkcioniraju financije. Jeste li i vi jedna od osoba (kakva sam i ja bila) koje se ne žele baviti praktičnim osnovama financija? Mislite li da je to dosadno? Smatrate li da je to preteško naučiti? Ne želite da vas to smeta?

Jeste li voljni razmotriti drugačije gledište? Praktične detalji poslovanja zapravo mogu biti zabavni i kreativni, naročito ako koristite pitanja i dobijete potrebne informacije. Evo nekoliko praktičnih pitanja i alata koje možete upotrijebiti baveći se financijama, dok razmatrate širenje svog poslovanja, nove investicije ili primjenu novih ideja.

Funkcionirati sa svjesnošću o financijama

U poslovanju ne morate biti u svemu dobri. Ne morate sve raditi sami; ipak, morate znati koji će biti prihodi i koji će biti troškovi. Za svaki svoj proizvod morate znati koliki vam je profit i koliko proizvoda svakog dana, svakog tjedna i svakog mjeseca trebate prodati kako biste pokrili sve svoje troškove. To se zove „točka pokrića". Ne morate sve to sami izračunavati, dovoljno je samo da toga budete svjesni. Ako ovo ne znate, na kraju ćete uništiti svoje poslovanje..

Koliki su mjesečni troškovi vašeg poslovanja?

Evo jednostavne vježbe koju možete napraviti kako biste dobili svjesnost o onome što je svakog mjeseca potrebno za obavljanje vašeg posla:

1. Sjednite i zapišite sve poslovne troškove koje ste napravili u posljednjih šest mjeseci (ili prošle godine). Ovo uključuje najam, uredski pribor, troškove interneta, telefona, struje, vozila – sav novac koji ste potrošili u svom poslu. Ili upitajte svog računovođu koliki ste profit i izdatke imali.

2. Podijelite taj broj sa šest (ili dvanaest). Ovo će vam pružiti ideju o visini vaših mjesečnih troškova.

3. Nakon što ste izračunali izdatke, dodajte 10% tog iznosa za poslovanje.

4. Dodajte 10% samo za sebe.

5. Dodajte narednih 20% za razne stvari.

6. Ovo će vam dati uvid u to koliko trebate svakog mjeseca zaraditi.

7. Zatim postavite zahtjev za taj iznos, koliki god on bio. Ako niste svjesni koliko vaše poslovanje košta, počet ćete ubijati svoje poslovanje.

U početku biste mogli reći: „Oh, ove financije su prekomplicirane!" Stvar je u tome da je to samo drugačiji jezik kojeg morate naučiti. Što ako biste bili voljni naučiti jezik novca?

Savjetovali su vam da smanjite svoje troškove?

Računovođe koji funkcioniraju iz kontekstualne stvarnosti mogli bi vam savjetovati da smanjite svoje poslovne izdatke. Slažem se da pogled na svoje troškove može biti izvanredan način povećanja svjesnosti o financijama u svom poslu. Dobar početak moglo bi biti i pitanje je li potrebno otići na neki sajam o kojem razmišljate. Ipak, pokušaj smanjenja troškova uvijek mi je donosio osjećaj težine. To nije ekspanzivno i generativno. „Kako ćemo smanjiti svoje poslovne izdatke?" ograničeno je pitanje temeljeno na odluci da trebate smanjiti svoje troškove. Vjerojatno bi više pomoglo beskonačnije i otvorenije pitanje. Pogledajte što možete dodati, što možete povećati i što možete proširiti s ovakvim pitanjima:

* *Kako mogu povećati pritok novca u poslovanje? (Vidite li kako je ovo drugačije od fokusiranja na oduzimanje stvari iz svoga poslovanja?)*

* *Mogu li ovdje bilo što promijeniti?*

* *Što je potrebno kako bih povećao svoju zaradu?*

* *Što bih još mogao dodati svom poslovanju?*

* *Što bih mogao dodati uslugama koje nudim?*

* *Koliko izvora prihoda mogu kreirati sa svojim poslovanjem?*

* *Koju čaroliju danas mogu pozvati u svoje poslovanje?*

Tražite asistenciju od univerzuma

Potičem vas i da tražite asistenciju od univerzuma. Koristite proces s energijom, prostorom i sviješću kojega sam ranije navela:

Koja energija, prostor i svijest moj posao i ja možemo biti što će nam dopustiti da uposlimo univerzum za čitavu vječnost? Sve što ne dopušta da se to pojavi, uništavam i dekreiram bezbroj puta. Right and wrong, good and bad, POD and POC, all nine, shorts, boys and beyonds.

Jeste li stvarno previše potrošili na marketing?

Kad vam računovođa savjetuje da smanjite svoje troškove, možda kaže nešto poput ovoga: „Previše ste novca potrošili na marketing i oglašavanje. Ove sume ne odgovaraju prihodima."

Prije nego se uskladite i složite s ovakvim pristupom, pogledajte ga.

Recimo da ste ovog mjeseca potrošili 15.000 dolara na marketing. Za što je to bilo? Je li to nešto što će generirati buduće mogućnosti u šest ili dvanaest mjeseci? Ili je to bilo samo za sada? Recimo da ste išli na sajam i to vas je koštalo 6.000 dolara. Vaša je prodaja iznosila 4.500 dolara. Mogli biste na to reći: „Bio je to gubitak od 1.500 dolara." Ali je li to stvarno gubitak? Nemojte zaključiti da je to bila greška. Univerzum vam otvara vrata. Čim kažete „U krivu sam" ili „Upravo sam izgubila novac", zatvarate vrata budućim mogućnostima i doprinosima.

Za mene se tu ne radi o procjeni našeg uspjeha na temelju ove ili one kolone u računovodstvenim papirima. Netko je na sajmu mogao uzeti vaš letak i reći: „Oh! Nazvat ću ih!" A ne moraju vas nazvati ni u idućih šest mjeseci. Mogli bi vas nazvati za godinu dana. Nikad ne znate što se može pojaviti! Upitajte:

* *Je li ovaj izdatak bio za sad ili za budućnost – ili za oboje?*
* *Hoće li sudjelovanje na sajmu generirati buduće mogućnosti?*
* *Hoće li ovaj izdatak poslovanju donijeti novac?*
* *Osjećam li ovo laganim? (Sjetite se, istinu ćete uvijek osjećati laganom, a laž uvijek donosi težak osjećaj.)*

Koja biste pitanja mogli postavljati?

Radi se o pitanju i svjesnosti o tome što kreirate i generirate. Dakle, koja biste pitanja danas mogli postaviti kako biste povećali mogućnosti za svoj život, stvarnost i poslovanje?

Jeste li voljni uništiti i dekreirati gdje god ste zatvorili vrata i ubili buduće mogućnosti? Sve što to jest, hoćete li to uništiti i dekreirati bezbroj puta? Right and wrong, good and bad, POD and POC, all nine, shorts, boys and beyonds.

Razmatrate li investiranje?

Jeste li nesigurni kako u svom poslu pristupiti investiranju? Ključno je pitanje, bez obzira razmatrate li nešto kupiti ili poduzeti akciju za proširenje posla:

* *Ako ovo kupimo, hoće li nam to sada i u budućnosti donijeti novac?*

Kad postavite ovo pitanje, možda ćete dobiti samo „sada" ili „ubuduće" ili možda „Da, ovo će nam donijeti novac sada i u budućnosti." Što god bilo, imat ćete veću svjesnost o tome što vaše poslovanje zahtijeva. Ako postavite sisteme ili procedure za sada i za budućnost, budućnost će biti puno lakša jer širite svoje poslovanje i protoke novca koji bi se mogli pojaviti.

Knjiga mogućnosti

Ako ste poput mene, onda vam stalno nailaze nove poslovne ideje, a katkad možda ne znate koje ideje slijediti – ili kada. Trebate li ih ostvariti sada ili je bolje pričekati? Gary Douglas uvijek je sugerirao nabavljanje male bilježnice i zapisivanje svojih poslovnih ideja kad se pojave. On to naziva Knjiga mogućnosti. I onda za svaku ideju upitajte:

* *Istina, je li ovo za sada ili za budućnost?*

Možda je to dobra ideja, ali sada nije vrijeme za njezinu realizaciju. Kada to pojasnite, možete nastaviti postavljati pitanja i čekati pravi trenutak. Ovo je također odlično pitanje kad netko dođe s idejom o proširenju vašeg posla ili dok razmatrate neki novi proizvod ili uslugu. „Sada ili u budućnosti?" može pomoći jer ljudi često ubiju nove ideje ako ne vide njihovu trenutačnu primjenu. Obećajte mi da nećete ubiti svoje buduće mogućnosti! Evo još nekoliko pitanja koja možete postaviti kod određivanja pravog vremena za vaše ideje:

* *Pokaži mi kada bih te mogao upotrijebiti.*
* *Pokaži mi kada bih te trebao prodavati.*
* *Pokaži mi kada bih te trebao predstaviti.*

Prije tri godine sastala sam se s nekim ljudima iz Access Consciousnessa kako bismo razgovarali o kreiranju dječjih kampova.

Radili smo s vrlo talentiranom osobom koja je imala iskustva u kreiranju dječjih kampova pa smo ovu temu duboko istraživali. Shvatili smo pravni aspekt ove ideje, imali smo odličnu web stranicu, izvanredne brošure i ljude koji bi podučavali u kampu. Bilo je čudesno, ali nije bilo djece. Element koji je nedostajao bila su djeca. Nekoliko je ljudi počelo govoriti: „Oh ne, ovo ne funkcionira." To nije imalo smisla. Bilo je potrebno postaviti pitanje: „Kada je vrijeme za kampove?" Tek sada, tri godine kasnije, mogućnost ovog projekta dolazi u plodonosnu fazu. Možemo koristiti sav briljantni materijal koji smo tada složili jer je sad pravo vrijeme. Ne ubijajte projekt. Možda jednostavno još nije pravo vrijeme da ga ostvarite. Koristite pitanja kako biste otkrili kada slijediti svoje ideje.

Ne izbjegavajte ništa.
Sa svjesnošću možete promijeniti bilo što i sve.

Poglavlje 14:

POVEZIVAČI, POKRETAČI, KREATORI I UTEMELJITELJI

K od izbora poslovnih partnera, ugovornih partnera, zaposlenika ili drugih s kojima u svom poslu surađujete, dobro je znati da postoje četiri glavna tipa ljudi: povezivači, pokretači, kreatori i utemeljitelji. Kad znate koji ste vi tip, tada lakše možete odabrati što ćete u svom poslu raditi i možete pronaći prave ljude koji će vam asistirati na drugim poljima.

Povezivači su ljudi koji sa svakim vole pričati. Njihova je specijalnost stvaranje veza. Njihov talent i sposobnost je znanje s kime razgovarati, kada razgovarati i što reći. Povezivači u svom adresaru imaju pedeset milijuna telefonskih brojeva i kad god vam nešto treba, oni kažu: „Znam koga zvati." Mogu navesti bilo koju osobu u bilo kojoj industriji, a povezivač će reći: „Da, on je moj znanac!".

Jaka strana povezivača je razgovor s ljudima. A to je ono što se od povezivača traži– da povezuje. Oni su odlični prodavači i izvrsni pri telefonu. Povezivači će pričati bilo s kime o bilo čemu i neophodni su za uspjeh vašeg posla.

Katkad će vam povezivači doći, platiti za proizvod ili uslugu, a onda će svakom ispričati kako ste krasni. Čak ih ne trebate ni zaposliti. Oni žele da svatko sazna za vas. Kao rezultat, mnogi povezivači ne zarađuju novac povezivanjem. Oni samo povezuju ljude jer je to ono što rade! Recimo da ste frizer, a jedna od vaših klijentica stalno o vama priča, bez obzira kamo išla, u supermarket, na obiteljsko okupljanje ili proslavu. Ljudima govori: „Trebate otići k ovoj frizerki. Ona je fantastična!" To je povezivač. Vaš klijent vam plaća za šišanje kose i za vas radi povezivanje. Povezivači rade ovakve stvari jer ih povezivanje jednostavno raduje.

Pokretači su ljudi koji znaju kako voditi poslovanje. Energični su i ambiciozni i više od bilo čega drugoga, oni su futuristi. Njihova je specijalnost znati što danas treba postaviti kako bi to sutra proširilo poslovanje. Pokretač gleda u mogućnosti i pita: „Što će sljedeće biti potrebno?" Ako planirate skup, zabavu ili tečaj, pokretač je taj koji će iznajmiti mjesto događanja, dati tiskati letke i osigurati da bude dovoljno stolica za sve. Njihov talent i sposobnost je vidjeti ono što je potrebno i sve to osigurati. Oni su deset, dvadeset ili trideset koraka ispred onoga što se zbiva.

Pokretači kreiraju tijek i osjećaj lakoće u vašem poslovanju i projektima. Recimo da idete na sajam. Pokretač će unaprijed znati što je točno potrebno za pripremu i rad na sajmu. To je ključ. Oni su daleko ispred vremena. Oni neće doći na sajam i reći: „Oh ne! Zaboravila sam donijeti proizvod!" Oni će mjesec ili dva ranije točno znati što je potrebno, kao i tjedan dana prije. Gotovo kao da mogu čitati misli. Dobri pokretači su u pitanju o tome što je potrebno za budućnost, a onda se jave i pitaju: „Kako ide danas?".

Kreatori uvijek traže ono što je moguće. Oni su sanjari i vizionari. Oni su ti koji smišljaju ideje. Oni uvijek traže energiju onoga što bi u životu generirali. Kreatori žive iz pitanja poput „Što je moguće? Koje izbore imam? Što mogu doprinijeti?" Njihov talent i sposobnost je vidjeti mogućnosti u poslu i u životu. Kreator je jedan od onih ljudi koji uvijek ima milijun ideja. Zbog toga je zapisivanje svih vaših ideja u Knjigu mogućnosti tako učinkovito.

Nedavno sam razgovarala s čovjekom koji je rekao: „Ponekad dobijem neku ideju za posao. Mogu vidjeti početak i kako bi to moglo izgledati u budućnosti, ali tu je i srednji dio koji se odnosi na to kako to ostvariti. To ne mogu vidjeti. Volim imati ideju i viziju kako će to izgledati, ali nemam pojma kako to dovesti u postojanje."

Ovo je izvrstan primjer kreatora kojemu je potreban pokretač. Upitala sam: „Što ako biste doveli nekog tko bi radio sve one stvari u sredini? Postoje ljudi koji vole postavljati sve kako bi se poslovanje moglo odvijati." Od tada se povezao s odličnim pokretačem koji mu pomaže u ostvarivanju njegovih ideja, a novi mu je posao dobro krenuo.

Utemeljitelji imaju kombinirane sposobnosti povezivača, pokretača i kreatora. Oni su odlični na sva tri polja. Utemeljitelj može stajati sam i odraditi sve uloge. Oni su odlični koordinatori jer imaju svjesnost o tome kako povezivati, kako pokretati i kako kreirati. Jasno vide sve aspekte poslovanja, znaju što je u svakom dijelu potrebno i učinkovito rade s ljudima kako bi svi potrebni elementi za uspješan posao bili na mjestu.

Tko su povezivači, pokretači i kreatori u vašem životu?

Nadam se da, čitajući ovo, bilježite vaše znance koji odgovaraju opisima povezivača, pokretača i kreatora. Reći ćete: „Oh, da, ta žena uvijek priča o mojim proizvodima, a nisam ju ni zaposlila." Oh! Što ako povezivači, pokretači i kreatori ni ne moraju kod vas biti zaposleni? Što ako su to jednostavno ljudi koji doprinose vašem poslovanju? Oni su baš to! Što ako ste voljni primiti povezivače, pokretače i kreatore odsvuda i od bilo kuda?

Svaki je od njih bitan za vaše poslovanje

Svaki od njih, povezivač, pokretač i kreator, bitan je upravo kao i onaj drugi. Nijedan nije vredniji ili bolji od drugoga. Svaki ima talente i sposobnosti potrebne za uspješno i glatko obavljanje posla, s lakoćom i radošću. Nijedan nije poseban jer su svi posebni. Ako u svom poslu nemate nekoga s vještinama snažnog povezivača, pokretača i kreatora, nećete imati sve elemente za uspjeh. (Usput, ovo se odnosi i na vaše odnose. Uspješan odnos također zahtijeva da partneri imaju kombinirane vještine povezivača, pokretača i kreatora.)

Što ste vi?

Kako biste što jasnije razlikovali jeste li pokretač, povezivač, kreator ili utemeljitelj, pitajte:

+ *Što u poslu uživam raditi i biti?*

„Ja sam samo povezivač"

Recimo da otkrijete da ste povezivač. Mogli biste kao moj prijatelj upitati: „Kako mogu imati uspješan posao ako sam samo povezivač?" Odgovor je jednostavan; ne morate sve sami raditi! Radite onaj dio koji vas veseli. Upitajte:

+ *Tko se još mora pojaviti kako bi se generiralo ono što je potrebno?*

Ili možda možete kreirati posao koji se bavi povezivanjem. Pitala sam prijatelja: „Što ako ti je posao povezivanje? Što ako ti je posao baš ono što ti jesi?" Ako ste povezivač, vaš bi posao mogao biti povezivanje ljudi. Pogledajte „craigslist". On je povezivač. Pogledajte „AngiesList". Ona je povezivačica. To je ono što rade – povezuju ljude – i pritom zarađuju.

„Ja sam povezivač, ali se mrzim promovirati"

Čak i ako ste povezivač, možda trebate pronaći drugog povezivača koji bi vam pomogao u promoviranju, budući da mnogi ljudi (čak i povezivači) smatraju da je samopromocija teška. Možda trebate naći nekog tko poznaje društvene medije kako bi vam pomogao široko se povezati. Ili možda trebate usluge društvenih medija koji će vas povezati diljem svijeta. Upitajte:

+ *Koga ili što trebam dodati svom poslovanju?*

Ideja je dobiti svjesnost o tome što je vama i drugima lako, u čemu ste vaši suradnici i vi odlični, pa koristiti svačije najveće kapacitete, što će kreirati više radosti poslovanja.

Koje su beskonačne mogućnosti?

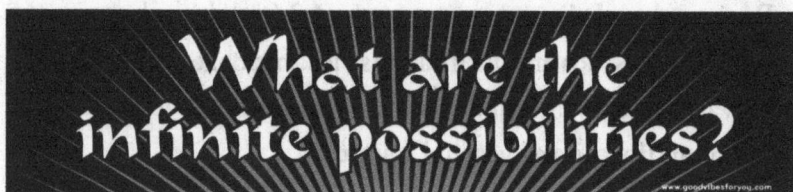

Poglavlje 15:

ZAPOŠLJAVANJE LJUDI U SVOM POSLOVANJU

Neki praktični detalji

Kada dođe vrijeme da nekoga u svom poslovanju trebate zaposliti, nemojte tražiti samo da se zaposlenik pojavi. Tražite individuu koja je više od zaposlenika; tražite nekoga tko će doprinijeti više od vaših najluđih snova kako bi vam se posao još više proširio. Tražite nekoga tko želi da u vaš posao uđe veća stvarnost.

Ja nisam uvijek ovako djelovala. Prije mnogo godina dok nisam znala da je moj posao odvojeni entitet i mislila sam ga posjedujem, imala sam gledište da nitko ne može učiniti nešto tako dobro kao ja. Pretpostavljate li onda koju vrstu osoblja sam zapošljavala?

Iznenađenje! Mi kreiramo svoju stvarnost. Nitko koga sam zaposlila nije mogao tako dobro raditi kao ja.

Bila sam uvjerena da sam ja jedina koja može obavljati moj posao, a u isto sam vrijeme sve vrlo strogo kontrolirala. Mnogi poslovni ljudi imaju ovakav pristup. Ništa ne žele otpustiti. Problem je u tome što vam je šaka zatvorena dok nešto grčevito držite. Ništa drugo ne možete primiti. U jednom filmu *Zvjezdanih ratova* postoji scena u kojoj se lik drži univerzuma, a drugi mu kaže: „Ako ne pustiš taj univerzum, ne možeš primiti sve druge univerzume." Kad otpustite kontrolu, vama i vašem poslovanju može se pojaviti nešto daleko veće. Kad dođe vrijeme da se nekoga zaposli, ja tražim da ti suradnici znaju više od mene.

Ako u nekom dijelu poslovanja ne uživate ili u nečemu jednostavno niste dobri, nađite nekoga tko u tome uživa. Na primjer, ja mogu s bilo kojim muškarcem, ženom ili djetetom razgovarati o bilo kojoj temi, ali u povezivanju ne uživam. Više volim biti kreator i pokretač. U Dobrim vibrama za vas sad imamo osobu koja radi u prodaji i daleko je bolja od mene. U njegovim žilama ne teče krv; on ima vibre prodaje. Zašto ne biste zaposlili ljude koji nešto rade bolje od vas? Također imamo osobu koja voli voditi računovodstvo. Njen je stav: „Mogu li ja ovo učiniti, molim?" Moj je odgovor: „Svakako!" Ona je u računovodstvu bolja od mene jer to voli raditi.

Pozivajući nekoga u svoje poslovanje kako bi radio ono što vi ne volite, doprinosite poslu. Niste ljubazni prema svom poslovanju ako ne dopustite doprinos nekoga tko istinski uživa u poslu kojega treba napraviti. Hoće li vam vrlo kompetentni ljudi koji rade u vašem poslovanju proširiti posao ili će ga umanjiti? Svakako će ga proširiti!

Zapošljavanje

Evo nekoliko pitanja kojima se možete poslužiti dok razmatrate nekoga zaposliti:

* *Istina, hoće li ova osoba donijeti novac sada i/ili u budućnosti?*

Možda ćete dobiti *ne*. Nemojte odmah zaključiti: „Oh, ne mogu zaposliti ovu osobu." Umjesto toga upitajte:

* *Istina, hoće li ova osoba na neki način doprinijeti ovoj kompaniji?*

Dobit ćete svjesnost kroz energetski odgovor i tada možete odabrati. Zapamtite, izbor kreira svjesnost.

Intervjuiranje

Dok nekoga intervjuirate za posao, pokušajte ovo:

* *Recite „istina" u svojoj glavi, a onda glasno upitajte:*
* *Koja je to jedna stvar koju vasnisam pitao, a trebam znati?*

Istina je univerzalni zakon. Ako kažete „istina" prije pitanja, ljudi moraju reći istinu. Reći će stvari poput: „Ponekad kasnim" ili „Ne volim se baš javljati na telefon". Reći će vam ono što ne vole, a onda će reći (sebi): „Zašto sam to sad rekao?" To se zove manipulacija i zabavna je!

Stvari koje treba otkriti o mogućim poslovnim partnerima ili zaposlenicima

Evo nekoliko stvari koje želite znati dok razmatrate suradnju s poslovnim partnerima ili zaposlenicima:

* **Imaju li mentalitet siromaštva?** Ne zapošljavajte ljude kojima je siromaštvo njihova stvarnost. Ovo neće funkcionirati ako pokušavate zaraditi novac jer će vam oni osigurati da nikad ne zaradite dovoljno novca, čak ni da njih platite.

* **Jesu li oni i njihova obitelj ikada imali novca?** Ljudi koji su imali novac očekuju imati novac. Oni će krenuti i kreirati vam novac jer je novac dio njihove stvarnosti. Očekuju ga imati.

* **Vole li novac?** Čak i da su došli iz siromaštva, ako vole novac, oni će ga za vas i za sebe zaraditi jer vole novac

* **Imaju li gledište da sve stvari u svojoj kući koje više ničemu ne koriste moraju zadržati?** Ako je tako, trebali biste znati da vjerojatno nikada neće imati novca jer se drže onoga što već imaju kao da je to sve što postoji. Provozajte se njihovim autom. Ako je pun smeća, i oni su hrpa smeća i nikada vam neće zaraditi novac.

* **Jesu li inteligentni i svjesni? Imaju li smisla za humor?** Morate raditi s ljudima koji drže u pogonu vaš um. Ako zaposlite nekoga tko nije dovoljno inteligentan ili svjestan, dosadit će vam u vrlo kratkom roku.

Poslovanje kreirano iz svjesnosti je radost poslovanja – to je poslovanje koje se obavlja na drugačiji način

Poglavlje 16:

OSNAŽIVANJE NASPRAM MIKROMENADŽMENTA

Ljudi s kojima razgovaram često izražavaju brigu oko upošlja-vanja ljudi. Brinu: „Hoću li naći ljude koji su kompetentni? Hoću li im morati objašnjavati svaku sitnicu? Hoće li svoj posao obaviti polovično pa ću ja to ispočetka morati napraviti? Ako je tako, završit ću radeći dvostruko! Kako mogu kontrolirati stvari i biti sigurna da će sve ispasti dobro?"

Kažem im: „Ne pokušavajte kontrolirati." Vi trebate htjeti biti lider svoga poslovanja kao i lider svog života. Lideri su ljudi koji znaju kamo idu i tamo odlaze bez obzira na sve što je potrebno. Biti lider svog poslovanja ne znači nužno biti velika faca ili sve kontrolirati. To može značiti da ljude s kojima radite pozivate na doprinos. To može značiti da od njih očekujete da sami donose izbore.

Mikromenadžment pokazuje da vi, kao poslovni lider, umanjujete svoju svjesnost i da se fokusirate na misao da sve mora izgledati na određeni način. Problem je u tome što misli nikada neće proširiti poslovanje; one će ga učiniti malim, a to je onaj *mikro* dio u *mikromenadžmentu*. Kad radite mikromenadžment, bavite se svojim mislima i očekivanjima, a mogućnosti ostavljate iza sebe. Svoje zaposlenike držite na čvrstom povodcu. Imate tendenciju stati iznad njih, nadgledati ih i svašta im reći.

Ovo nije učinkovit pristup. Pogledate li što se s poslom i vašim zaposlenicima događa dok ovo radite, vjerojatno ćete primijetiti da energija prestaje teći. Protok novca se smanjuje, sve se stišće i nema puno radosti. To je zato što se svega čvrsto držite. Posao obavljate iz zaključka, kontrole i prosudbe, umjesto svjesnosti, pitanja, izbora i beskonačnih mogućnosti.

Kad nekoga ovlastite, to je doprinos i njemu i vašem poslovanju. Dopuštate doprinos sebi i dopuštate doprinos njemu. Postavljate li svojim kolegama pitanja i funkcionirate li iz prostora svjesnosti, umjesto iz čvrstoće odgovora, tada u kompaniji kreirate energiju osnaživanja, što ljudima dopušta da budu sve što mogu biti.

Ovlastite ljude da rade ono u čemu su vješti

Ovlastite svoje zaposlenike da rade ono u čemu su vješti. Ljudi vole kreirati svoj vlastiti posao. Kad ljudi rade ono što vole, rad postaje poziv; postaje radostan i to proširuje vaše poslovanje. Svaka osoba ima drugačiju perspektivu. Kad bih imala sobu punu ljudi i svakog od njih pitala da obavi određeni posao, svaka bi osoba to odradila drugačije. Tako izgleda ekspanzija. To znači da svatko ima neke ideje kako bi nešto trebalo raditi, kojih se vi možda nikada ne biste dosjetili. Kako bi bilo da primite svačiju različitost?

Kako biste to uradili?

Ovlastiti ljude da rade ono što žele kreira potpuno drugačiju energiju nego li reći im što da rade. Kad me netko od mojih suradnika pita kako da nešto napravi, najčešće odgovorim: **Kako bi ti to uradio?** Postavljanje ovog pitanja dopušta vam prihvatiti njihovu perspektivu

Neki dan sam imala sastanak sa suradnikom. Upitao je:

– Bi li mi mogla dati naznaku svojih prioriteta?

– Pa, na čemu radiš? – upitala sam, a on je naveo pet različitih stvari koje obavlja..

– A, što bi želio raditi? – pitala sam.

– Volio bih raditi na ovom i onom jer vidim da stvari idu u tom smjeru – odgovorio je.

– Odlično, učini to – rekla sam.

Kasnije tog dana poslao mi je poruku: „Puno ti hvala što si mi dopustila da izaberem svoje prioritete."

Da sam od njega zatražila da radi nešto što nije želio, bi li to napravio dobro? Bi li to brzo obavio? Bi li to učinio s entuzijazmom? Vjerojatno ne. Nisam htjela da radi neke poslove za koje sam ja mislila da bi trebao jer znam da ako radi ono što voli i smatra važnim, napravit će to dobro i doprinijeti više nego što bih od njega ikad mogla zahtijevati.

Kad funkcionirate bez izdavanja naredbi, tada pozivate doprinos i u svom poslovanju kreirate ekspanzivniju energiju. Svojim suradnicima postavite pitanja poput ovih:

- *Što biste mogli doprinijeti ovom projektu?*

- *Koje ideje imate?*

- *Kako biste točno željeli da ovo izgleda?*

- *Što točno ovo za vas znači?*

U svojim pitanjima upotrijebite riječ točno. To će osobu navesti da definira ono što je za nju istinito, a vama daje više informacija i svjesnosti o tome što će ta osoba želi raditi, a što ne.

Kad na ovaj način ovlastite ljude, otvarate vrata njihovom pitanju: „Što ja mogu doprinijeti?" To je ogroman faktor uspjeha u poslovanju. (Usput, pitavši ljude o njihovom doprinosu i idejama ne znači da ih morate i primijeniti; to samo znači da imate više informacija i širu perspektivu.) Ako ste voljni zatražiti i prihvatiti njihove doprinose, toliko će se toga više pojaviti za vas i za njih

Ovlastiti ljude da rade ono što žele raditi kreira znatno drugačiju energiju od one kad im vi kažete što želite da rade.

Poglavlje 17:

POGODBA I ISPORUKA

Mnogi ljudi vjeruju da ako budu ljubazni i dragi, drugi će im isporučiti divne i krasne stvari, a oni će dobiti to što su željeli. Misle da „Radi drugima ono što bi htio da i oni tebi rade" stvarno funkcionira. Ili misle: „Ako sam dovoljno ljubazan i dobar ili ako sam u pravu, sve će ispasti sjajno." Ma ne! Ako ste isprobali ovakav pristup, vjerojatno ste otkrili da ne funkcionira. Kad funkcionirate iz pozicije „radi drugima...", ne vidite ono što će se zapravo dogoditi. Fantazirate da će ishod biti bolji nego što može biti. Vjerujete da će ono što će netko isporučiti biti veće od onoga što će zapravo isporučiti.

Kakva je pogodba?

Umjesto da poslujete iz svijeta fantazije, pozivam vas da koristite pristup kojega zovemo pogodba i isporuka. Radi se o poznavanju onoga što želite i zahtijevate, postavljanju pitanja i prepoznavanju onoga što druga osoba može i hoće isporučiti. To vam dopušta da zaobiđete svoja maštanja, kao i maštanja druge osobe, kako biste vidjeli što je pogodba i što svaka strana treba isporučiti.

Kad god s nekim sklapam bilo kakav ugovor o bilo čemu, pitam: „Kakva je pogodba? Što točno od mene želite i tražite? Što ja trebam isporučiti? Što točno namjeravate isporučiti?" Pitanja su imperativ za jasnoću. Kada iznosite samo ono što vi tražite, pretpostavljate da vas osoba čuje. To je uvijek pogreška. Mora vam biti jasno što zahtijevate i što ćete isporučiti, a mora vam biti jasno i što će točno druga osoba isporučiti. Kako vi vidite pogodbu? Kako druga strana vidi pogodbu? Morate postaviti pitanja poput:

- *Koja je pogodba?*
- *Što ćete vi meni isporučiti?*
- *Hoćete li isporučiti ono što želim?*
- *Tražim li nešto što vi ne možete isporučiti?*
- *Koji su točno rokovi ovdje?*
- *Koji su uvjeti?*
- *Što točno od mene želite i tražite?*
- *Što ja moram isporučiti kako bih dobila ono što želim?*
- *Mogu li isporučiti ono što vi želite?*
- *Što ovdje trebam znati?*
- *Ima li nešto što nisam voljna zatražiti?*

Novac

Pristup pogodbe i isporuke posebno je važan kad je uključen novac, jer su ljudi oko novca skloni biti neodređeni. Nikada nisu jasni. Kreiraju konfuziju i zato nemate pojma koliko će vam naplatiti, kako će nešto ispasti ili kad će biti isporučeno. Ja nikad nisam nejasna oko novca. Vrlo sam egzaktna. Hoću potpunu jasnoću. Koristim pitanja poput ovih:

- *Što time mislite?*
- *Kako će ovo točno izgledati?*
- *Koliko će me to točno koštati?*

Uvijek tražim točnu brojku. Na taj mi se način ne mogu kasnije vratiti i reći: „Oh, nismo razgovarali o tim dodatnim stvarima koje su se morale napraviti."

***Ako želite znati što će se događati,
trebate postaviti pitanja.***

Hoće li oni isporučiti?

Kad netko kaže nešto kao: „Htio bih s vama raditi," otkrijte što pod time misli. Mogao bi misliti da želi s vama putovati (na vaš trošak), a u zamjenu za to nosit će vam prtljagu. To vjerojatno nije ono što želite!

Recimo da unajmljujete osobu koja će šetati vašeg psa. Trebali biste osobi postaviti pitanja:

- *Što očekujete da ćete isporučiti?*

+ *Kada ćete šetati psa?*
+ *Kako će to izgledati*
+ *Koliko dana u tjednu ćete to činiti?*

Nemojte pretpostavljati da će netko šetati psa na vaš način. Otkrijte što je u njegovoj glavi. Kad funkcionirate iz pogodbe i isporuke, bit će vam jasno što želite i doznat ćete može li druga osoba zapravo isporučiti ono što želite. Hoće li osoba učiniti ono što vi od nje tražite? Hoće li isporučiti ono što vi želite? Budite voljni pogledati što se događa, a onda pitajte: „Hoće li ova osoba isporučiti ono što ja želim?"

Ako netko ponudi da će za vas nešto napraviti, recite: „To je odlično. Koja je pogodba? Što biste htjeli za ovo?" Nemojte dozvoliti da netko za vas nešto učini, pa kad završi, predstavi vam daleko veći račun od očekivanog. Pitajte izravno: „Ok, kakva je pogodba?" Vama je jasno. I njima je jasno.

Nikada se ne suprotstavljajte

Moj dobar prijatelj htio je nešto učiniti u svom poslu. Našao je ženu koja je rekla da će isporučiti ono što je želio. Mislio je da su se složili oko cijene; međutim, ona je to sasvim drugačije shvatila. Poslala mu je račun četiri puta veći od očekivanog. Bio je uzrujan i htio se suprotstaviti toj ženi kako bi ona uvidjela da nije postupila prema dogovoru.

Njegova je ideja bila: „Ako ti se suprotstavim, vidjet ćeš da si bila u krivu." Jedini problem s ovim pristupom je taj što suprotstavljanje nikad ne funkcionira. Kad se nekome suprotstavljate, on automatski mora braniti svoju odabranu poziciju. Ljudi vide samo to što vide iz svoje pozicije. Oni ne mogu vidjeti iz vaše pozicije. Nitko nikad neće u potpunosti razumjeti vaše gledište koje izražavate, niti zbog toga promijeniti svoje. Ako se suprotstavljate, ljudi se moraju opravdavati i braniti.

„Zbunjena sam. Možete li mi pomoći oko ovoga?"

Kad god s nekim razgovaram o nečemu što se toga trenutka odvija, izbjegavam ući u suprotstavljanje. Prva stvar koju kažem je:

* *Zbunjena sam. Možete li mi pomoći oko ovoga?*

Zauzmem poziciju osobe kojoj je potrebna pomoć: nešto sam propustila. Izgubila sam nešto. Nešto nisam shvatila. Kad zauzmete takvo gledište, druga će osoba uvijek pokušati ispuniti praznine. Pokušat će vam pomoći i doprinijeti vam. Nježniji pristup dopušta da se pojavi još više informacija. Sve što tražite je jasnoća i svjesnost; ne radi se o pravom ili krivom, o pobjedi ili gubitku.

Nedavno sam bila frustrirana primivši email od svog suradnika. Činilo mi se da je prema nekome bio grub. Nisam mu se glede toga suprotstavila, niti sam tražila pojašnjenje onoga što je napisao. Umjesto toga sam rekla: „Zbunjena sam. Možete li mi pomoći u ovome?" i tako sam otkrila da on ustvari nije imao sposobnosti učiniti nešto što sam mislila da zna. Sad kad imam informaciju, mogu naći nekog drugog tko je sposoban isporučiti to što je potrebno bez ikakvih uznemiravanja, suprotstavljanja ili opravdavanja. Ovakav pristup dopušta pojavu beskonačnih mogućnosti. To je daleko ekspanzivnije od suprotstavljanja nekome ili od neimanja svjesnosti o situaciji koja od vas zahtijeva pažnju. U osnovi, radi se o većoj svjesnosti.

Suprotstavljanje može biti korisno jedino kad želite da netko sagleda što će izgubiti ako nastavi birati ono što bira. Na primjer, neki ljudi odabiru biti tupi dok rade s novcem. Žele kreirati situaciju koja će vas zbuniti pa nećete znati koliko će vas nešto koštati, kako bi oni mogli „pobijediti". Zbrka koju kreiraju pomaže im ostvariti svoju obmanu. Kad se to događa, može pomoći ako naglašeno kažete: „Ne razumijem što želite. Što dovraga tražite?" To bi moglo razjasniti pogodbu.

Nikada ne opravdavajte

Kad od ljudi tražite da vam nešto isporuče, mogli biste doći u iskušenje objašnjavati ili opravdavati zašto neku isporuku želite na određeni način. Možda mislite da će vam objašnjavanje razloga zašto nešto želite na određeni način pomoći da dobijete ono što želite. Na primjer, mogli biste reći: „Ovaj letak želim tiskati na visokokvalitetnom, teškom papiru jer hoću da naše poslovanje preraste u uspješnu organizaciju koja obavlja stvari na najbolji mogući način." Kad ljudima pokušavate tumačiti što birate, opravdavate svaku pojedinačnu akciju koju poduzimate. Ne opravdavajte i ne objašnjavajte. Samo recite ono što je za vas istinito. Dovoljno je reći: „ Ovaj letak želim tiskati na visokokvalitetnom, teškom papiru."

Bilo da je riječ o poslu ili vašim osobnim odnosima, recite ljudima točno što želite. Recite: „To je ono što trebam kako bi ovaj odnos funkcionirao." A ne: „Ljubav pobjeđuje sve." Niti:

„Ako im pokažem ljubav koju trebaju, sve će biti dobro." To funkcionira u svijetu fantazije. Pojačajte svoju prisutnost i izdignite se iznad fantazije. To će vam dopustiti kreiranje onoga što želite. Opravdavajući ono što trebate, zapravo se drugoj osobi pokušavate suprotstavljati na indirektan način.

Opravdavanje ne funkcionira jer nema načina da druga osoba može slijediti vašu osobnu logiku. Ljudi neće moći vidjeti vaše gledište jer imaju svoje. Oni se moraju sukobiti s onim što govorite ili odustati od svoga gledišta i uvidjeti da ste u pravu. Ništa od ovoga ne doprinosi njihovoj sposobnosti isporučivanja onoga što biste htjeli.

Trebam ovo. Možete li mi to isporučiti?

Umjesto da opravdavate ono što želite govoreći: „Ja sam ispravno odabrao i želim da i vi to vidite na moj način", jednostavno recite: „Biram ovo jer je to ono što trebam." To je to. Ne treba tu ni objašnjenja, ni opravdavanja. „To mi je potrebno. Možete li mi to isporučiti?" Druga osoba tada shvaća što mora učiniti kako bi dogovor bio ispunjen, a može odlučiti hoće li to što vam treba isporučiti ili ne.

Nikad ne tražite odobravanje

Isto se odnosi i na pokušaj navođenja ljudi da se suglase s onim što trebate. Ne zamarajte se! To se neće dogoditi. Umjesto toga budite jasni i precizni u svojoj komunikaciji i otkrijte kakva je pogodba. Jasno i jednostavno ljudima recite što vam treba. Razjasnite i to što oni zahtijevaju. Postavljajte pitanja i budite svjesni toga što oni mogu ili ne mogu isporučiti.

Nikad se ne suprotstavljajte, nikad ne opravdavajte i nikad ne tražite odobravanje.

Poglavlje 18:

POVJERENJE U ONO ŠTO ZNATE

I dobivanje potrebnih informacija

U poslu je važno vjerovati onome što znate. Tko najbolje zna? Vaš računovođa? Vaš odvjetnik? Netko u vašoj industriji? Ne. Vi znate! Zamislite kako bi vaše poslovanje izgledalo kad biste vjerovali sebi. Bi li bilo više novca ili manje novca? Bi li bilo više zabave ili manje zabave?

Poznajem ženu koja je u poslu sa svojim suprugom i još jednim muškarcem koji sebe vidi kao poslovnog stručnjaka. Iako su ona i suprug zapravo vlasnici poslovanja, drugi muškarac ima vrlo čvrste stavove o načinu na koji treba djelovati. Jednom mi je rekla:

– Izgleda kao da on uvijek traži objašnjenje zašto nešto radim.

Ne mogu se zamarati i uvjeravati ga u to kako neki posao želim obaviti, pa to napravim na njegov način. Ali to me čini nesretnom. Nekada sam uživala u našem poslu. Sada ga mrzim.

– Jesam li dobro razumjela? – upitala sam – Vi i vaš muž ste vlasnici posla?

– Da – odgovorila je.

– vi i vaš muž imate ovlasti i kontrolu. – rekla sam i nastavila: – Umjesto da radite po njegovom, kako bi bilo da jednostavno cijenite to što je on u poslu postigao, razmotrite njegovo mišljenje kao informaciju na kojoj ste zahvalni, a onda radite onako kako vi znate?

To je funkcioniranje iz pogodbe i isporuke. Ona bi donijela svoje vlastite izbore i rekla što želi bez objašnjavanja, opravdavanja i suprotstavljanja.

Što još ovdje trebam znati?

Važno je imati povjerenja u sebe i priznati ono što znate. Istovremeno je bitno i postavljati pitanja i dobiti potrebne informacije. Možda trebate porazgovarati s računovođom, odvjetnikom ili s nekim u vašoj industriji kako biste pronašli ono što želite znati. Neki ljudi žele izgledati kao da znaju sve što se o poslovanju može znati. Ja sam suprotnost tome. Ako se nešto pojavi o čemu ne ništa znam, pitam: „Što je to? Što znate o tome?" Slušajte svakoga i znat ćete kad energija onoga što govore odgovara energiji onoga što vi želite

Ako ste zbunjeni, ljuti ili uzrujani ili ako vam nešto u poslu izgleda čudno ili neugodno, vjerojatno trebate više informacija. Ljudi često odu ravno u prosuđivanje kad su zbunjeni ili ljuti, ili kad sebe ili nekog drugog pokušavaju okriviti. Zapravo im nedostaje informacija. Ovo se rješava postavljanjem pitanja. Možda je zaposlenik učinio nešto što vas uzrujava. Možda je projekt u zastoju, a vi ne znate kako dalje. Ako ste voljni postavljati pitanja, imat ćete više jasnoće i moći ćete donositi svjesne izbore. Kada trebate više informacija, upitajte:

- ✦ *Što još ovdje trebam znati?*
- ✦ *S kime trebam razgovarati?*
- ✦ *Koju svjesnost imam, a nisam ju bila voljna priznati?*

Također možete pitati:

- ✦ *Što je ispravno u ovome, a ne shvaćam?*
- ✦ *Što nisam voljna percipirati, znati, biti i primiti?*

Je li ovdje neka laž?

Ako osjećate ljutnju ili frustraciju, to može značiti i prisutnost laži. Pitajte:

- ✦ *Je li ovdje neka laž?*

Ne trebate znati koja je to laž. Vi samo imate svjesnost da je tu neka laž, a to je važna informacija. Ako postavite više pitanja, možete primiti još više svjesnosti. To je zapravo prilično jednostavno. Kad imate potrebne informacije, čak i kad su to loše vijesti, čak i ako otkrijete da ste u milijunskom dugu, znat ćete što morate generirati. Znat ćete što morate promijeniti.

Je li ovdje neka istina s priloženom laži??

Jeste li ikada bili u situaciji da vam je netko rekao: „Oh, ovo je izvrsna pogodba. S ovime ćete zaraditi puno novca!" Nešto je u pogodbi izgledalo sjajno, a nešto se osjećalo manje dobrim. To je istina s priloženom laži. Možete vidjeti gdje biste mogli zaraditi veliki novac. To je istina. Laž priložena toj istini koja nije bila izgovorena je: „Novac vam zapravo neće pristizati još tri do pet godina.".

Jeste li ikad vidjeli reklamu koja nudi divnu kuću s pogledom na ocean? Zvuči sjajno, zar ne? To jest lijepa kuća, ali pogled na ocean moguć je samo ako ste dovoljno visoki i stojite na vršcima prstiju na posebnom mjestu s lijeve strane verande. To je istina s priloženom laži. Ako vam nešto zvuči čudno za vrijeme sastanka ili dok s nekim razvijate neki projekt, pitajte:

+ *Je li ovdje neka istina s priloženom laži?*

Ne morate otkrivati što je istina ili laž. Samo tražite energiju istine i laži, i možete uništiti i dekreirati sve što vam ne dopušta da imate svjesnost koju trebate.

Što je u ovome ispravno, a ja ne shvaćam?

Ovo pitanje zaobilazi ideju da je netko ili nešto „u krivu", bez obzira kakva je situacija. Ništa nikad nije pogrešno. Vi u stvari nikada ne griješite; vi neprestano učite i postajete svjesniji. Kad razmišljate da je nešto krivo, to je prosudba. Time ste zalupili vrata bilo kojoj mogućnosti koju situacija ima. Ovaj alat otvara vrata ka većoj svjesnosti i mogućnosti. Pitajte:

+ *Što je u ovome ispravno, a ja ne shvaćam?*

Ponekad nije energetski ispravno da netko nastavi raditi neki posao. Neki ljudi ovo mogu vidjeti kao gubitak: „Oh ne, ova je osoba odabrala napustiti posao" ili „Oh ne, moramo mu dati otkaz" ili slično. Ne prosuđujte da je pogrešno dati mu otkaz ili da je tužno što ona odlazi. Idite u pitanje. Što ako to nije gubitak? Što ako je to ekspanzivni izbor za vaše poslovanje i za tu osobu? Što ako kompanija, poslovanje ili projekt to zahtijeva? Možda će odlazak te osobe otvoriti prostor i energiju kako bi se svima pojavilo nešto drugo?

Moja je prijateljica dugo bila na visoko pozicioniranom poslu u jednoj naftnoj kompaniji, a onda je prestala raditi u toj industriji. Kad je odabrala vratiti se tom poslu, više se nije snalazila u sustavima koje su koristili. Išla je na brojne razgovore i jedina ponuda koju je dobila bio je tromjesečni ugovor s nekom firmom za znatno manju plaću nego što je željela. Umjesto da smatra greškom prihvaćanje tako male zarade, ona je pitala: „Što je u ovome ispravno, a ja ne shvaćam?".

Shvatila je da postoji drugačiji način promatranja situacije. Dobila je tri mjeseca plaćenog treninga u sustavu kojeg je trebala upoznati, pa je nakon isteka ta tri mjeseca mogla tražiti daleko bolje plaćeni posao. Rekla je: „Ovo mi zapravo daje snagu i moć u onome što za sebe mogu izabrati. Znam da ću moći naći odličan posao kad upoznam ovaj suvremeni sustav kojeg industrija koristi."

Što je ispravno sa mnom, a ja ne shvaćam?

Pitanje „Što je u ovome ispravno?" možete primijeniti i na sebe. Smeta li vas nešto što ste učinili? Zaključili ste da ste pogriješili? Mislite li da ste nešto krivo napravili? Razočarani ste sobom? Ovo će vam pitanje pomoći da vidite sebe iz drugog kuta, a moglo bi i otvoriti vrata nekim novim mogućnostima. Pitajte:

- *Što je ispravno sa mnom, a ja ne shvaćam?*

Ovo vam pitanje/alat služi da izađete iz samoprosuđivanja. To je izvanredno pitanje kad razmišljate da ste u krivu. Što ako nikada niste u krivu? Uvijek postoji nešto veće o vama. Što ako koristeći ovaj alat dobijete svjesnost o nečemu što o sebi niste željeli priznati? Bi li to vašem poslu i životu kreiralo više ili manje?

Nadam se da ćete koristiti sva pitanja u ovom poglavlju kako biste razjasnili poslovne probleme i dobili informacije koje trebate. Kad ih budete dosljedno koristili, sa svjesnošću, počet ćete snažnije imati povjerenje u ono što znate. A to znači više novca, više zabave i više radosti poslovanja.

Tko zna najbolje? Vi znate!
Zamislite kako bi vaš posao izgledao kad biste vjerovali sebi.

Poglavlje 19:

BIRANJE ZA SEBE

Većina ljudi pogrešno shvaća svjesnost. Misle da se svjesnost kreira zaključivanjem, kontrolom i prosuđivanjem, umjesto biranjem i postavljanjem pitanja. Funkcioniranje iz zaključka je: „Ovo je način na koji se to radi. Ovako se stvari moraju raditi. Ovdje nećemo ništa mijenjati. Ovo je funkcioniralo i prošli put, pa ćemo i ovoga puta učiniti isto."

Recimo da pripremate štand za sajam. Funkcionirate li iz zaključka i kontrole, reći ćete: „Prošle smo godine vrlo dobro radili. Štand je bio odličan. I ove godine moramo biti na istom mjestu i moramo raditi iste stvari jer je to prošle godine privuklo ljude." Ima li u ovom pristupu ikakvog prostora za svjesnost i promjenu? Ne!

Funkcioniranje iz svjesnosti bilo bi: „ Prošle je godine sajam bio izvrstan. Hoće li i ove godine biti dobar ili bismo trebali gledati nešto drugo?" Ovdje nema zaključaka. Voljni ste ići na sajam, a voljni ste i ne ići na sajam. Voljni ste da izgleda prilično drugačije od prošlogodišnjeg.

Odluka nasuprot izboru

Ljudi često brkaju odluku s izborom. Ovo je naročito istina kad su odluke duboko ukorijenjene u njihovoj obitelji, kulturi ili industriji. Odluka je povezana s prosudbom. To je "Ja radim ovo!" Bum! To je to. Nikakva promjena nije moguća. Odluka zatvara vrata mogućnosti. Ništa se drugo ne može učiniti. S druge strane, izbor je nešto što u sekundi možete promijeniti.

Jedan je sudionik tečaja Access Consciousnessa u Italiji rekao: „Živim u mjestu u kojem ljudi ljetuju, pa radim samo ljeti. Čak mi ni automobil nije potreban, ali zbog toga ne mogu putovati u druga mjesta kako bih našao dodatni posao. Kako to mogu promijeniti?"

Moj odgovor je bio: „Izbor! Izbor kreira svjesnost; svjesnost ne kreira izbor. Pred vama je čitav planet i samo zato što ste rođeni u Italiji u prekrasnom turističkom mjestu ne znači da tu morate i ostati. Možete promijeniti bilo što. ‚Izbor kreira svjesnost' znači da birajući kreirate svjesnost o onome što je moguće. Otvarate vrata novim mogućnostima i novim načinima. Ne odaberete li, nikada nećete imati svjesnost o onome što se još može pojaviti.

„Ako kažete, ‚Ne mogu pronaći dodatni posao jer _____' sve što navedete nakon jer je opravdanje zašto ne birate nešto veće. Zato ne prihvaćam vašu priču, niti bilo čiju priču o tome zašto netko u svom poslu i životu ne može imati ono bi htio."

ZLjudi se često opravdavaju na ovakav način. Nedavno sam razgovarala sa ženom koja živi u zabačenom dijelu Australije. Uvijek je govorila da je njena izoliranost razlog što ne može kreirati svoje poslovanje. Pitala sam: „Što bi bilo da ne koristiš mjesto u kojem živiš kao opravdanje za nemogućnost obavljanja posla? Ne moraš se preseliti kako bi kreirala poslovanje. Pogledaj što ti je dostupno. Što je s društvenim medijima? Pokreni blog, kreni u radio program, idi na Facebook i na Twitter. Napravi sve što je potrebno. Napravi teleseminar. Što možeš danas učiniti kako bi proširila svoje poslovanje, bez obzira gdje si?"

Ne koristite odluke i opravdanja. Postavite pitanja:

+ *Koja sam ograničenja kreirala?*
+ *Što bih zaista htjela?*
+ *Što bih ovdje trebala promijeniti – i mogu li to promijeniti?*
+ *Što mi je vrednije od uspjeha kojega bih mogla izabrati?*

Izbor kreira svjesnost.

Biram li ja ovdje za sebe?

Pričala sam s umjetnicom koja se preselila iz Kanade u Švicarsku. Tražila je neko mjesto gdje bi otvorila studio/galeriju. Željela je da u studio može doći pješice ili biciklom i našla je mjesto koje joj se jako svidjelo. Bilo je samo 2 minute udaljeno od njezine kuće. Njezini su prijatelji rekli: „Ovo je rezidencijalna četvrt. Nitko te ovdje nikada neće naći. Nitko neće doći vidjeti tvoju umjetnost, niti pohađati tvoje tečajeve."

Rekla mi je:

– Ja znam bolje, ali kad god mislim na to što su mi prijatelji rekli, postanem zbunjena.

– Istina, jesi li prihvatila njihove projekcije da ovo nikako ne može uspjeti? – upitala sam

– Da – odgovorila je.

Nakon što smo zajedno napravili nekoliko procesa, uvidjela je da može vjerovati sebi.

– U prošlosti– dodala je – sam uvijek kreirala prostor u kojem sam se osjećala ugodno radeći i uvijek sam bila uspješna. Nikada nisam druge ljude pitala za njihovo mišljenje o onome što radim, pa ne trebam ni sada..

Kad odabirete za sebe, sve će sjesti na svoje mjesto. Kad odabirete protiv sebe ili kad odabirete za nekog drugog, stvari se počinju urušavati. Pitajte se:

+ *Biram li ovdje za sebe?*

+ *Biram li ovdje za poslovanje?*

+ *Što je poslu potrebno?*

+ *Što je meni potrebno?*

Nedavno je firma koju znam loše poslovala. Sva su tri vlasnika znala da je potrebna neka značajna promjena. Dvojica su vlasnika smatrali da firmu treba zatvoriti ili prodati, čak i s gubitkom. Treći je vlasnik rekao: „Ja ću napraviti sve da kompanija procvjeta! Ovaj posao može funkcionirati!" Izabrao je za sebe i dao zahtjev da će, neovisno o tome što drugi rekli, posao učiniti uspješnim. Nije se želio povoditi za gledištima drugih ljudi. Bio je voljan biti lider u poslu i lider u svom vlastitom životu. Njegov zahtjev za nastavkom poslovanja otvorio je drugačiji prostor i različite mogućnosti. Unutar tri tjedna stvari su se počele mijenjati. Firma je dobivala više narudžbi i novac je počeo pristizati. Ovaj je momak odabrao za sebe; tuđa gledišta o tome što on može kreirati i generirati nije htio učiniti vrednijim od onoga što on zna. Koliko ste se puta zaustavili na temelju onoga što netko drugi misli? Je li vam odgovaralo nekoga činiti vrednijim od sebe?

Prihvaćati tuđa gledišta

Mnogi su od nas prihvatili tuđe stavove o novcu ili o poslovanju. Recimo da su vaši roditelji imali malu firmu, a njihovo je gledište bilo: „Možeš generirati za život, ali nikada nećeš biti bogat." Ili su se stalno žalili kako je teško imati firmu. U svemu je bila prisutna trauma i drama oko poslovanja. Možda ste i vi prihvatili takva gledišta kao istinita bez propitivanja njihove valjanosti. Ili ste možda promatrali način na koji ljudi u vašoj struci rade i kreirali referentne točke na temelju njihovog načina rada. Možda ste preuzeli njihova gledišta ili stavove, a da toga niste ni svjesni.

Dok sam uvozila robu iz Azije, ljudi su mi govorili da sam prihvatila poslovanje koje zahtijeva jako puno radnih sati i da ću morati vrlo teško raditi. Prilično zanimljivo s obzirom na vrijeme koje sam provodila na plaži. Znala sam da mogu raditi drugačije. Srećom, nisam usvojila ta gledišta! Čak i ako ste prihvatili tuđa gledišta, možete ih dekreirati i uništiti. Kako to napraviti? Koristite izjavu brisanja!

Govori li vam vaša obitelj, prijatelji ili poslovni partneri da ne možete biti multimilijunaš i imati sve? Projiciraju li na vas da to nikada nećete postići? Da nećete moći uspjeti? Ili projiciraju na vas da imate previše poslova ili projekata istovremeno? Ne morate prihvaćati ova gledišta. Možete imati sve, možete uspjeti, možete sve to postići i možete imati toliko projekata i firmi koliko želite! Vjerujte mi da možete! Vi kreirate svoju vlastitu stvarnost i vi kreirate svoj vlastiti posao.

Što vam znači poslovanje?

Kad vodim tečajeve Radosti poslovanja, sudionike često pitam: „Što poslovanje za vas znači?" ili „Kako poslovanje za vas izgleda?" Kažem: „Molim vas ne razmišljajte o svojim odgovorima. Samo ih izgovorite, iako vam možda zvuče ludo. To su gledišta koja vas ograničavaju.".

Nedavno sam upitala grupu:

– Što bi se dogodilo kad biste dobro zaradili?

– Bila bih pakleno mrzovoljna i htjela bih ubiti ljude – odgovorila je jedna žena.

– Bio bih ,visoki mak' i to me plaši. Bojim se da bi me netko upucao u glavu – rekao je netko drugi.

Jedna je osoba rekla:– Bila bih slobodna

Ona je odlučila da bi bila slobodna kad bi u životu imala novca – ali što ako smo već slobodni? Nakon izrečenih odgovora, ljude pitam da ih unište i dekreiraju. Ovo može kreirati značajne promjene i svjesnost u njihovom poslu i životu.

Pokušajte to i vi. Zapišite vaš odgovor na sljedeće pitanje:
Što vam znači poslovanje?

1 ....

2 ....

3 ....

4 ....

5 ....

6 ....

Sada koristeći izjavu brisanja, uništite i dekreirajte svoje odgovore:

Sve što to jest, hoćete li uništiti i dekreirati bezbroj puta? Right and wrong, good and bad, POD and POC, all nine, shorts, boys and beyonds.

Tko sam ja ovdje?

Jednog dana dok smo radili ovu vježbu, neka je žena rekla:

– Upravo sam shvatila da većina gledišta koja sam izrazila nisu moja. Ona pripadaju mom ocu. Sebe vidim kao njega. Ne znam kako se od njega odvojiti.

– Ne znate kako se od njega odvojiti ili niste bili voljni zapravo znati tko ste vi?–upitala sam te dodala– Ako mislite da mnoga vaša gledišta o poslu i novcu potječu od vašeg oca, kad god se bavite poslom ili novcem, upitajte

> ✦ *Tko sam ja ovdje?*

Znam osobu koja je bila pod utjecajem majke. Ona je osjećala da ne želi biti poput majke, a ironično, bila je baš poput nje. Danima je koristila ovo pitanje. Nešto bi napravila, a onda pitala: "Tko sam ja ovdje? Oh! Ja sam moja mama." To bi uništila i dekreirala i zahtijevala da se to promijeni. I promijenilo se. Rekla je: "Više ne prihvaćam gledišta svoje majke o tome tko bih ja trebala biti i što bih trebala raditi, što bih trebala imati i što bih trebala kreirati."

Kada tvrdite: "Ne želim raditi posao poput mog oca" zapravo tražite, tražite situaciju koju ne želite. To je zato što je riječ *željeti* originalno značila *nedostajati*. Vi kažete: "Ne nedostaje mi poslovati poput moga oca" ili „Imam izobilje poslovanja kao što radi moj otac." Vaše riječi kreiraju vašu stvarnost. Nastavite li i dalje govoriti kako nešto ne *želite*, pogodite što? Vi to kreirate! Umjesto toga koristite pitanje: „Tko sam ja ovdje?" i kad postanete svjesni da se prihvaćate gledišta svog oca (ili nekog drugog), uništite to i dekreirajte.

Vježbajte birati za sebe

Prakticirajte birati za sebe. Počnite s malim stvarima. Pitajte:

* *Ima li nešto što biram za nekog drugog, osim za sebe?*
* *Istina, što bih ovdje volio izabrati?*
* *Istina, čini li me ovaj izbor laganijim?*

Kako bi izgledalo vaše poslovanje i vaš život kad biste uistinu birali za sebe? Govorim o svijesti u svemu: svijesti u poslovanju i svijesti u vašem svakodnevnom životu. Ograničavate li svoj život, svoje življenje, svoju stvarnost i svoje poslovanje zbog tuđih gledišta? Je li sad vrijeme da se to promijeni i pronađe što bi za vas funkcioniralo? Dobrodošli u pustolovinu življenja i poslovanja!

Kome ovo pripada? Je li ovo moje?

Pitanja „Kome ovo pripada?" i „Je li ovo moje?" pozivaju vas da postanete svjesni emocija ili misli koje nisu vaše. Ne mogu dovoljno snažno naglasiti važnost ovih pitanja. Zašto? Zato što 99% misli i osjećaja koje imate nisu vaši.

Bio je ponedjeljak ujutro. Vukla sam se i mislila: „Ne mogu vjerovati da moram ići raditi. Moram učiniti ovo. Moram učiniti ono. Moram stići na vlak." Odjednom sam rekla: „Čekaj malo! Ja čak ni ne idem vlakom!" i upotrijebila Accessov alat:

+ *Kome ovo pripada?*

Shvatila sam da te misli i osjećaji uopće nisu moji. Pripadali su svakoj pojedinoj osobi koja je ustajala u ponedjeljak ujutro i užasavala se odlaska na posao. Čim sam postavila pitanje, postala sam svjesna da volim ono što radim. Odjednom sam imala puno više energije te veći osjećaj sebe, svoje radosti i lakoće.

Ako krećete na sastanak i osjećate nervozu, brigu ili nelagodu, pitajte: „Kome ovo pripada?" Može pripadati direktoru koji sjedi na čelu stola. Može pripadati članu upravnog odbora. Može pripadati kolegi koji sjedi kraj vas. Ne morate otkrivati kome to pripada. Sve što trebate učiniti jest postati svjesni da to nije vaše jer, kao što rekoh, 99% misli i osjećaja koje imate nisu vaši.

Evo vježbe koja mijenja život. Sljedeća tri dana, svaki put kad imate misao ili osjećaj, upitajte: Kome ovo pripada?

Postavljajući pitanje, mogli biste otkriti da osjećaj postaje laganiji, a okolnosti se mijenjaju. Ovo pokazuje da misao ili osjećaj uopće nije bio vaš. Kad se to dogodi, imat ćete više svjesnosti o tome što biste u svom poslu i životu istinski htjeli generirati i kreirati. Sjetite se: ako osjećate lakoću, to je istina. Ako osjećate težinu, to je laž.

Kad birate za sebe,
može se pojaviti nešto veće.

Poglavlje 20:

BIRAJTE SVJESNOST - NE TAJNE AGENDE

T ajne agende su odluke koje donosimo ili zaključci do kojih dolazimo, a kojih nismo kognitivno svjesni. Na primjer, možda ste u poslu nešto napravili, a onda odlučili: „ To više nikad neću učiniti!" Ili ste radili u nekoj industriji i zaključili: „Ovo je način kako treba biti. Ovo je način na koji posao treba izgledati." To postaju tajne agende. Ove ste odluke mogli donijeti ranije u svom životu, ali one često potječu iz prethodnih života.

Na primjer, recimo da ste u prethodnom životu bili slikar. Voljeli ste kreirati svoje slike, ali nikada niste zaradili dovoljno novaca da preživite. To je vaš život pretvorilo u takvu bijedu da ste zaključili kako više nikada nećete raditi ništa vezano uz umjetnost jer vas neće uzdržavati. Dolazite u ovaj život i pogodite što? Krajnje vas privlači umjetnost. Volite slike i skulpture, te dobijete odličan posao u umjetničkoj galeriji, no ništa ne možete prodati jer imate tajnu agendu. Odlučili ste da vas umjetnost ne može uzdržavati.

Ili ste u svom posljednjem životu možda bili obilato financirani jer ste nešto kreirali, pa ste odlučili – „To je dobro ispalo. Ponovo ću to raditi!" U ovom životu radite nešto slično i očekujete da se financiranje pojavi na isti način. Ne shvaćate zašto se novac nije pojavio. Pitate: „Hej, pa gdje su novci? Radim ono što je ranije funkcioniralo, ali sponzorstvo ne stiže. Što se događa?" A kad se ništa ne pojavljuje, što vi radite? Prosuđujete sebe jer se novčana potpora ne materijalizira.

Ili možda želite imati vlastiti posao, ali su vam rekli da to ne možete jer ste žena. Voljeli biste imati svoje vlastito poduzeće, ali niste sposobni pokrenuti posao. Što vas zadržava? Ne shvaćate to, ali ste prihvatili prosudbe i projekcije upućene vama i odlučili ste da žena u poslu ne može uspjeti. Drugim riječima, imate tajnu agendu. Možda to potječe iz ranog dijela ovog života; možda dolazi iz prijašnjeg života. Nije važno. Tajne agende nas ograničavaju, a mi smo ih učinili tako tajnim da ni ne znamo što su. Srećom, nije ih teško uništiti i dekreirati ako to želite.

Koji je vaš tajni plan?

Ako nešto u vašem poslu ne funkcionira, upitajte postoji li negdje tajna agenda (ili zaključak ili prosudba).

Koju sam tajnu agendu kreirao koja održava sve što ne mogu promijeniti, izabrati ili utemeljiti? Sve što to jest, uništavam i dekreiram bezbroj puta. Right and wrong, good and bad, POD and POC, all nine, shorts, boys and beyonds.

Vi ste taj koji ima moć promijeniti tajnu agendu.
To je vaš izbor. Nitko drugi to ne može učiniti umjesto vas.

Tajne agende u vašem poslovanju

Ponekad vlasnici poslovanja nevoljko zapošljavaju ljude ili nalaze poslovnog partnera jer su zabrinuti zbog mogućih nesuglasica, konflikata ili problema. Je li vas to zabrinjavalo? Što ako se s nekim ne slažete? Što ako niste dobro usuglašeni? Što ako ta osoba ima tajnu agendu koja je u sukobu s vašom tajnom agendom?

Vodite li poslovanje, trebate otkriti imate li tajnu agendu. Pitajte:

+ *Koja je moja tajna agenda u mom poslu?*

Radite li s još nekim u svom poslu (ili ako razmatrate mogućnost da s nekim radite), sugeriram da otkrijete ima li on ili ona neku tajnu agendu. Pitajte:

+ *Koja je njegova ili njezina tajna agenda sa mnom?*
+ *Koja je njegova ili njezina tajna agenda s poslovanjem?*

S tom osobom ne morate diskutirati. Ovoga samo trebate biti svjesni. Ja ovo pitanje postavljam za ljude s kojima radim i to mi daje informacije i povećava moju svjesnost. Korištenje izjave brisanja na kraju svakog pitanja još će vam više povećati svjesnost i pružiti veću jasnoću o onome što birate.

Na primjer, mogli biste otkriti da vaša poslovna partnerica želi biti poznata kao velika poslovna žena. To je ono što bi htjela. Ako njezina tajna agenda i vama odgovara, to će doprinijeti kompaniji.

Stoga pitajte: „Što joj mogu doprinijeti kako bi postala poznata kao velika poslovna žena?" Da je nominirana za poslovnu ženu godine, mogli biste reći: „Savršeno! Što ja tome mogu doprinijeti?" Ako ste kompetitivna demonska kuja iz pakla, rekli biste: „Kako to da ja nisam nominirana? Ja sam to trebala dobiti!" Što bi to kreiralo? To bi počelo uništavati poslovanje, umjesto da mu doprinese. Ako će doprinos tajnoj agendi vaše partnerice doprinijeti poslovanju, tada ćete biti uspješni zajedno s njom.

Recimo da je vaš poslovni partner izvanredan povezivač i volio bi postati zvijezda. Hoće postati istinski slavan. Otkrijte hoće li to doprinijeti vašem poslovanju. Možda će vas upoznati s nekim divnim ljudima što će pomoći da posao raste! Kad ste svjesni tajnih agendi drugih ljudi, možete doprinijeti njihovim potezima, što onda doprinosi kompaniji. Samo postavite pitanje:

+ *Što ja mogu doprinijeti?*

Ako vam tajna agenda vašeg poslovnog partnera ili zaposlenika ne odgovara, otkrijte da li oni uopće doprinose poslovanju. Uništava li njihova tajna agenda kompaniju? Znajući to, imate više informacija i više svjesnosti. Znate jednu od njihovih mračnih tajni. Ako njihova tajna agenda ništa ne uništava, pitajte: „Kako ovo mogu iskoristiti?" Možda vam danas neće biti jasno kako to možete iskoristiti, ali se to može pojaviti za mjesec ili godinu dana. Zapamtite: što ste svjesniji, to ćete imati više informacija.

Jeste li s nekim u sukobu?

Ako s nekim na poslu imate sukob ili problem, mogli biste postaviti ova pitanja i koristiti izjavu brisanja kako biste uništili i dekreirali što god se pojavi.

* *Koju tajnu agendu imam s _____?*
* *Koju tajnu agendu _____ ima sa mnom?*
* *Koju tajnu agendu _____ ima s (naziv vašeg poslovanja)?*
* *Koju tajnu agendu imam s (naziv vašeg poslovanja)?*

Uspjeh: možete li skočiti više od buhe?

Davno je učinjen jedan pokus s buhama. Znanstvenici su držali buhe u prozirnim staklenim kutijama. Buhe bi pokušavale iskočiti iz kutije, udarile bi u stakleni strop i pale na pod. Bez obzira koliko su visoko skakale, nisu mogle van. Kad su znanstvenici konačno skinuli staklene poklopce s kutija, primijetili su da buhe i dalje skaču do iste visine. Nisu mogle preskočiti zidove, iako je mogućnost bila dostupna. Nije li ovo zanimljivo? Jeste li i vi kreirali svoj vlastiti stakleni strop kojega niste voljni preskočiti? Jeste li odlučili: „Ne mogu biti uspješniji od svojih roditelja, prijatelja ili braće i sestara?" ili „Ne mogu ovo učiniti jer sam žena ili muškarac ili sam premlada ili prestara?" Sve su to tajne agende koje održavaju ono što ne možete promijeniti

Postoji li novčani iznos za kojeg ste odlučili da vam je previše neugodno imati? I to je tajna agenda. Što je potrebno kako bi se to promijenilo? Jednog dana, nakon što sam dugo vremena bila u novčani dugu, sjedila sam za računalom i plaćala račune. Pogledala sam u svoje bankovne račune i rekla: „Oho! Ja više nisam u dugu!" Moje kreditne kartice bile su otplaćene, imala sam novca na svom poslovnom računu i novca na svom štednom računu. Mislila sam: „Oh, znači to je taj osjećaj kad nisi u dugu. Gdje je limena glazba?

Gdje je vatromet?" Mislila sam da je biti bez dugova nešto značajno, ali nije bilo. Bilo je to jednostavno: „Oh, sad imam novca. Više ne dugujem."

Nakon mjesec dana, gledajući svoje račune, vidjela sam da sam opet u dugu. Pitala sam: „Što se ovdje dogodilo?" Shvatila sam da mi je bilo ugodnije biti u dugu, nego imati novac. S moje staklene kutije poklopac je bio skinut, ali ja još uvijek nisam preskočila staklene zidove. Postavljanjem pitanja i upotrebom izjave brisanja, odabrala sam nešto drugačije. Postavila sam zahtjev: „Bez obzira na sve, ja ću na svom bankovnom računu imati novca. Imat ću daleko više novca nego što sam ikad maštala da je moguće."

I to se počelo pojavljivati.

Pogledajte svoj život i novac kojeg imate – ili novac kojega nemate. Koliko ste puta primijetili da imate više računa nego novca? Nikada ga nema dovoljno? Funkcionirate li iz tajne agende? Jeste li ste se suglasili sa svima oko sebe, sa svima koji su uzeli hipoteke, poslovne zajmove i imaju dugove na kreditnim karticama? Jeste li normalni, prosječni i stvarni? Osjećate li se ugodnije dok ste nalik svima drugima, umjesto da iskočite iz staklene kutije? Jeste li voljni biti toliko drugačiji koliko uistinu jeste i funkcionirati iz potpune svjesnosti?

Ako ste voljni funkcionirati iz potpune svjesnosti,
vaše će se poslovanje promijeniti.

Poglavlje 21:

ŠTO LJUDI ZAHTIJEVAJU?

U danima dok sam kupovala robu u Indiji često sam imala problem što sam žena u poslu. Mnogim je Indijcima bilo neugodno poslovati sa ženom i ponekad su izgovarali najčudnije riječi. Bili su prilično sigurni da ja nikada neću biti uspješna, a često su za bjelkinje mislili da su ....hm, recimo „lake" jer imamo seks prije braka. Zato sam posebno obraćala pažnju na to što je potrebno kako bih s njima poslovala. Pazila sam što odijevam, što govorim, kao i na način na koji sam obavljala posao. Kad su shvatili da imam novca i želim kupiti robu, progutali su svoj ponos, ljubazno se ponašali i nudili me najslađim čajevima na svijetu. Na kraju smo se uvijek dobro razumjeli. Bila sam voljna percipirati što im je potrebno i to im isporučiti, ne iz otpora i reakcije, već iz svjesnosti i znanja da ću dobiti ono što trebam. Sve je to dio manipulacije i zabave bivanja radosti poslovanja.

Ponekad u Australiji i Americi također susrećem muškarce kojima nije ugodno raditi sa ženama. Nemam gledišta o tome. Ako je muškarcu nelagodno sa mnom raditi jer sam žena, voljna sam učiniti sve što će mu donijeti ugodu. Radi se o tome da otkrijete što ljudima treba. Prije nekog vremena otišla sam na poslovni sastanak u Los Angeles s muškim suradnikom koji se bavio dionicama. Čovjek s kojim smo se sastali tri je puta spomenuo da mu ne smeta poslovati sa ženama. Odlazeći sa sastanka, okrenula sam se prema svom suradniku i rekla:

— Jeste li shvatili da ovaj momak ne voli poslovati sa ženama?

— Ne— odgovorio je — Nisam to primjetio.

— Osoba koja nema problema poslovati sa ženama ne mora to tri puta naglašavati. Ne mora to ni reći! To je u redu. Ovdje smo saznali što je potrebno. I to ćemo koristiti. Od sada nadalje, on će kontaktirati s vama. - rekla sam.

Koja su pravila ponašanja?

Važno je znati što vaši poslovni suradnici traže, naročito ako radite u drugim zemljama i drugim kulturama. Budite voljni sagledati što ljudi zahtijevaju u poslovanju, kao i ono što zahtijevaju razne kulture.

Nedavno sam s kolegom provela dan u poslovnim sastancima u Koreji. Shvatila sam da Koreanci vole stvarati vrlo prijateljske odnose dok posluju. Vole raditi s ljudima koje smatraju prijateljima, pa smo se potencijalnom kupcu približili na vrlo blizak način. Nakon sastanka odmah sam mu poslala srdačan email i zahvalila na sastanku. Je li mi bilo važno biti prijateljica ovog čovjeka? Nije. Međutim, ako on želi imati prijateljske poslovne odnose, mogu to omogućiti. Koreanci također vole kraće i češće sastanke. Žele se redovito sretati i održavati česte kontakte, a i mi smo bili voljni tako raditi.

Na jednom sam sastanku s našim korejskim kupcem kihnula. Koreanac me pogledao i ljubazno rekao: „Nazdravlje."

Rekla sam: „Hvala", ali je energija postala neugodna. Pomislila sam: „Uh, kakva je to energija koja se upravo pojavila?"

Moj kolega je dosta poslovao u Koreji, pa sam ga nakon sastanka upitala:

– Što se dogodilo?

– U Koreji ne biste smjeli javno kihnuti – pojasnio je.

– Kako možete zadržati kihanje? – upitala sam.

– To jednostavno ne radite. To se smatra vrlo nepristojnim - odgovorio je.

Trebate otkriti pravila ponašanja tamo gdje obavljate posao. Bonton i standardi ponašanja vrlo su različiti u raznim zemljama. U Indiji je primjerice sasvim prihvatljivo pljunuti na ulici, dok u Singapuru za to možete biti kažnjeni sa 200 dolara. Francuzi i Talijani se prilikom susreta ljube u oba obraza, Britanci i Amerikanci se rukuju, Japanci se jedan drugome klanjaju. Trebate znati što se traži kako biste kreirali osjećaj lakoće s ljudima. Najbolji način da se to otkrije je postavljanje pitanja:

- *Što ovi ljudi od mene traže?*

- *Što je poštovanje za njih i poštovanje za mene?*

- *Kako ovdje moram doprinijeti ostvarenju dobrih poslovnih odnosa?*

Jednom sam u Indiji bila na poslovnom sastanku s 12 ljudi, a tamo su servirali indijski čaj kojeg nisam voljela. Ne možete reći: „Ne, hvala, ne pijem nikakav čaj." Morate ga prihvatiti. Pokušala sam riješiti situaciju tako što sam čaj brzo popila i pojela ponuđeni slatkiš. Nisam znala da sam time dala znak da mi se čaj jako svidio i da hoću još, pa su mi odmah ponovno napunili šalicu. Trebala sam saznati koji je protokol i pijuckati ga polako! Trebala sam pitati: „Što se ovdje zahtijeva?".

Jedan od mojih dobavljača iz Nepala jednom je organizirao veliku, veselu večeru meni u čast. Zaklali su kozu; prerezali su njezin vrat, krv je istjecala, a oni su je skupili u posudu. (Bila sam vegetarijanka tada). Najboljim dijelom koze smatrali su masnoću, pa su ispekli komade sala i stavili ih u posudu sa svježim kozjim mlijekom. Pomislila sam: „Oh ne, vi se šalite?" Kako ih nisam htjela razočarati, morala sam primiti njihov dar. Popila sam toplo mlijeko i pojela kozje salo. Prijateljica koja je u to vrijeme putovala sa mnom snimila je događaj i smatrala da je to bilo jako smiješno jer je točno znala što mi je prolazilo kroz glavu. Ipak, moje je gledište da je saznanje o onome što se u različitim kulturama zahtijeva dio pustolovine i radosti poslovanja i življenja.

Kako se trebate odjenuti?

Saznanje o tome što je potrebno odnosi se i na način vašeg oblačenja. Na svakom poslovnom sastanku na koji idete, bez obzira gdje se održava, postoji očekivanje kako biste se trebali odjenuti. Što je potrebno za kreiranje prosudbe o vama kojom ćete vi i vaše poslovanje biti prihvaćeni? Na primjer, iako se običaji sada mijenjaju, u vrijeme kad sam poslovala u Indiji žene nisu pokazivale svoja ramena, koljena, ni lakove. Svakako nisu pokazivale svoje dekoltirano poprsje, ali je bilo prihvatljivo pokazati svoj trbuh. Uvijek sam poklanjala pažnju ovim običajima i očekivanjima.

Prije nego krenete na poslovni sastanak, čak i ako je to u nekoj zapadnoj zemlji gdje biste mogli pomisliti da znate što obući, saznajte o kulturi dotične kompanije. Kako se ljudi odijevaju? Što se zahtijeva? Zahtijevaju li se visoke potpetice? Traži li se odijelo ili kravata? Nosite li dijamante ili bisere? Pričali su mi da jedna velika australska aviokompanija intervjuira žene koje trebaju raditi kao hostese. Od njih se tražilo da ustanu i polako se okrenu oko sebe da bi se vidjelo kakve su potpetice na njihovim cipelama. Njihovo je gledište bilo da ako su potpetice uredne i nepohabane, tada je osoba uredna i brine o sebi. Ona je dobar kandidat za posao. Naizgled male stvari poput ove mogu činiti veliku razliku u međuljudskim kontaktima. Kamo god išli, suštinski je važno saznati što se očekuje, jer će to kreirati i generirati uspjeh za vas i vaše poslovanje.

Kreirajte energetsku povezanost s ljudima i održavajte tu povezanost.

Poglavlje 22:

MANIPULIRANJE ENERGIJOM

N Ponekad na svojim tečajevima Radost biznisa pitam lju-
de: „Koliko vas radi u nekom obliku prodaje?" Podiže se
veliki broj ruku, a onda kažem: „Svi biste trebali podići svoju ruku
jer svaki posao ima veze s prodajom i kreiranjem povezanosti s
ljudima." Vaš posao, bez obzira koji je, ovisi o kontaktu s ljudima
i prodaji vašeg proizvoda ili usluge.

Povlačenje energije

Jedan od alata koji možete koristiti za povezivanje s ljudima, nala-
ženje većeg broja kupaca ili povećanje prodaje je korištenje povlačenja
energije. Povlačenje energije je način energetskog pristupa ljudima
kako bi se zainteresirali za vas, vaš proizvod ili vašu uslugu.

Evo načina kako ga koristiti:

* Zamislite energiju svog poslovanja, svog projekta, svog proizvoda, svoje usluge ili bilo čega što želite proširiti.
* Sjetite se: vi niste to! Ono je odvojeni entitet.
* Povucite velike količine energije u svoje poslovanje. Kako to radite? Jednostavno radite!
* Zatim povucite masivne količine energije od svih širom svijeta u poslovanje i nastavite povlačiti energiju od svakoga tko ga traži, kao i svakoga tko čak nije ni svjestan da to traži. Nastavite povlačiti velike količine energije.
* Sada od poslovanja zatražite da ujednači taj protok tako što će poslati male potočiće energije prema van svima širom svijeta.
* Zatražite od svog poslovanja da vam pokaže novac. Zatražite da se pojave kupci ili klijenti te da se poslovanje širi.

Mislite li da ne znate o čemu govorim kad kažem „povucite energiju", pogledajte odnose između muškaraca i žena. Jeste li primijetili da mladić koji je zainteresiran za neku djevojku obično prema njoj gura energiju? Kad je djevojka zainteresirana za nekog mladića, ona najčešće od njega povlači energiju. To je tako jednostavno.

Radila sam s talijanskim farmerom koji ima vinograd. Želio je da više vinara sazna za njegov proizvod. Objasnila sam mu kako povlačiti energiju na ovaj način: „Zamislite energiju grožđa kako raste i ukusno vino koje će kreirati. Sada povucite energiju iz čitavog svijeta u vinograd. Kada percipirate da se to događa, zatražite od vinograda da pošalje male potočiće energije svakome tko bi bio zainteresiran doprinijeti vama, vinogradu i poslovanju."

Na isti način povlačite energiju ako obavljate neku uslužnu

djelatnost. Recimo da ste maserka. Zamislite energiju njegovanja i brižnosti koju za tijela pozivate. Sada povucite tu energiju iz cijelog svijeta u svoje poslovanje i zatražite od poslovanja da pozove klijente kako bi bili njegovani i maženi.

Energetsko povlačenje možete koristiti i da privučete pažnju ljudi za koje želite da znaju za vas. Povlačite energiju kad idete na sastanak s potencijalnim klijentima, kad o nečemu pregovarate ili kad krećete na audiciju. Recimo da nekoj kompaniji trebate predstaviti prijedlog. Čim se ujutro probudite na dan sastanka, krenite povlačiti masivne količine energije od svakoga tko će biti prisutan, bilo da je to upravni odbor, voditelji ili direktor. Ne morate ni znati tko su oni. Povlačenje energije kod ljudi kreira osjećaj povjerenja. Kada ulazite kroz vrata, oni percipiraju da vas već poznaju. Vi kontrolirate. Imate njihovu pažnju. Već ste kreirali povezanost s njima.

Povlačenje energije možete koristiti i kad neki kupac kasni s plaćanjem računa. Dok povlačite energiju od ljudi koji vam duguju novac, oni će stalno misliti na vas. Vrlo brzo će vam poslati novac koji vam duguju. Je li povlačenje energije manipulacija? Da, je. Ako niste voljni manipulirati energijom, bit ćete manipulirani.

Gledanje energije onoga što je potrebno

Prodaja, dogovaranje ugovora ili zaključivanje posla često ovisi o načinu na koji radite s energijom. Jeste li čuli za nezaustavljivog britanskog poduzetnika Sir Richarda Bransona? On posjeduje više od 400 kompanija, uključujući Virgin Records i Virgin Atlantic Airways, sudjeluje u mnogim različitim ekološkim i humanitarnim projektima diljem svijeta, a napisao je nekoliko izvanrednih knjiga. U svojoj autobiografiji Kako sam izgubio nevinost Branson kaže:

„Moj interes u životu izvire iz toga što sam sebi zadao ogromne, naizgled neostvarive izazove, pokušavajući se uzdići iznad njih."

Branson promatra energiju potencijalnih projekata i poslova i kada zna da je nešto moguće, on jednostavno odbija prihvatiti odgovor ne. Niti jedan gram u njemu ne prihvaća ne. Nije razočaran niti zaustavljen s ne. A istovremeno nije vezan za ishod. Dobije li odgovor ne, Branson jednostavno pita ponovno. Ako dobije još jedan ne, pita opet. I opet. I sebi postavlja pitanja kao „Što mogu učiniti drugačije?" ili „Što od mene zahtijevaju da dobijem odgovor da?" S ovakvom se vrstom pristupa također trebate poigravati.

Što to Branson ispravno radi? On živi u pitanju. Nije vezan za ishod. Voljan je biti slavan, voljan je biti bogat, voljan je biti siromašan, voljan je da ga prosuđuju, voljan je podbaciti – i voljan je imati paklenski puno zabave dok to radi. On živi radost poslovanja.

Kako bi radost poslovanja za vas izgledala?

Poglavlje 23:

POSLUJETE LI KAO MUŠKARAC ILI KAO ŽENA?

SPostoje dva posebna stila poslovanja: muški način i ženski način. Nije važno u kojem se tijelu ljudi nalaze. Često će muškarac voditi posao kao žena – ili će žena voditi posao kao muškarac. Muški je način direktan. On ide ravno na stvar i daje ili prima informacije. On će reći „bla, bla, bla," i to je to. Ženski način je razgovaranje o stvarima sa većom širinom. Ona će htjeti raspravljati kako bi stvari mogle funkcionirati i koji su njezini osjećaji o nekom projektu. Pitat će: „Što mislite o ovome?" i voli da se i njoj postavlja to pitanje.

Jednog sam dana pisala poslovnu poruku. Gary je gledao preko mojeg ramena i upitao:

– Kome šalješ tu poruku? Muškarcu ili ženi?

– Ženi– odgovorila sam.

– Tretiraš ju kao ženu – odgovorio je. – Daješ joj samo informacije koje joj trebaju. Tako funkcioniraju muškarci. Oni samo hoće znati: 'Možemo li ovo učiniti ili ne?' Sa ženom moraš komunicirati drugačije. Žene vole više raspravljati."

Sklona sam poslovati kao muškarac i često se izlažem sukobu ili nekoga uvrijedim. Budem zbunjena pa pitam: "Što se tu dogodilo?" Onda shvatim da sam nekoga tretirala kao muškarca, dok je osoba htjela poslovati kao žena. Vratim se i osobu pitam kako je, što je radila preko vikenda ili kako se osjeća u vezi projekta na kojem radi. I stvari se trenutno promjene.

Kako vi volite poslovati? Preferirate li muški ili ženski način? Pogledajte ljude s kojima radite. Posluju li oni kao muškarac ili kao žena? Ovo nije prosuđivanje. Nema tu pogrešnosti ni ispravnosti. To je samo za vašu svjesnost, tako u svome poslu možete kreirati i generirati s većom lakoćom i radošću.

Jeste li žena u poslovanju? Ne morate biti kuja!

Jeste li žena u poslovanju? Jeste li mislili da posao morate voditi kao velika, zločesta, stroga poslovna žena? Ponekad žene misle da moraju postati demonske paklene kuje kako bi bile uspješne u poslu. Ništa nije dalje od istine! Žene mogu biti odlični manipulatori u poslu; mogu usmjeravati stvari onako kako one žele i svakoga povesti za svojim idejama i planovima. Žene ovo često ne shvaćaju i misle da moraju postati opake i neugodne kako bi se posao odvijao na njihov način. Ne trebaju to raditi. Kad vidim žene koje funkcioniraju kao da su stroge, volim ih pitati: "Znate li koliko bi vam lakše bilo kad biste koristili malo manipulacije?" Neki ljudi manipulaciju vide kao lukavstvo ili čak varanje, i to može biti dio definicije. Manipulacija znači i umješno, lako ili vješto baratanje situacijom, a to je ono o čemu govorim.

Neki dan sam upitala mladića bi li za mene nešto učinio. Malo sam podigla glavu, pogledala ga sa strane i zatreptala kapcima, a on je rekao: „Naravno! Učinio bih sve za vas, naročito dok me ovako gledate." Znate li što, moje dame? To možete raditi i u poslu. Čak i kad muškarci znaju da manipulirate, još uvijek funkcionira. Možete se izvući sa svime. I zabavno je! (Muškarci, i vi to možete raditi.)

Nedavno mi je jedna žena rekla da je bila na sastanku s dva muškarca. Sastanak za nju nije tekao dobro i odjednom je shvatila da je odbijala igrati ulogu koju je trebala kao žena igrati kako bi dobila ono što je htjela. Muškarci su bili mentalni tipovi. Jedan je bio znanstvenik, a drugi režiser. Ona je shvatila: „Mogu samo nagovijestiti svoj dekolte i biti ženstvena žena što uistinu jesam – i dobiti ono što želim." Malo dekoltea i povlačenja energije, apsolutno! Po prvi je put uvidjela kako lako može dobiti ono što želi.

Jeste li muškarac u poslovanju? Ne morate biti vrhovni zapovjednik!

Mnoge su muškarce u poslovanju učili da moraju šefovati. Muškarce je društvo natjeralo da imaju odgovore na sva pitanja. Misle da se od njih traži da budu cijelo vrijeme autoritativni. Posljednjih 2.000 godina muškarce su učili izdavati naredbe i slijediti naredbe. Kad muškarac koji slijedi naredbe dođe u poziciju autoriteta, pokušava prisiliti druge da također slijede naređenja jer je i on tako radio. Ovi su muškarci skloni donositi proizvoljne odluke i očekuju da ljudi izvršavaju ono što im se kaže. Poteškoća je u tome što je ovih dana vrlo malo ljudi voljno slijepo slijediti. A vi ionako ne želite slijepe sljedbenike. Od ljudi tražite da doprinose. Istinski poduzetnici, ljudi koji uistinu mogu nešto učiniti, u svom univerzumu imaju više pitanja. Njihov je pristup: „Što ova osoba zna i što ona može doprinijeti?".

Gdje god niste bili voljni imati lakoću i radost što ste žena ili muškarac u poslovanju, hoćete li to uništiti i dekreirati, bezbroj puta? Right and wrong, good and bad, POD and POC, all nine, shorts, boys and beyonds.

Mi ustvari nismo muškarci i žene, mi smo zapravo beskonačna bića!

Razumijevanje muškog i ženskog načina poslovanja je veliki alat. To je zabavno. I dopušta vam da vidite što se u poslovanju s ljudima traži. Ali nemojte da vas ovo gledište ograničava jer ustvari, vi niste ni muškarac ni žena u poslovanju: vi ste beskonačno biće.

Ako ograničavate sebe kako biste poslovali kao muškarac ili žena, tada ustvari ne poslujete iz ekspanzivnosti svega mogućeg jer ste postavili definiciju o tome što vi jeste ili što je netko drugi. Dok poslujete kao muškarac ili žena, to se stvarno ne odnosi na posao. Odnosi se na vas. Zato vas molim, koristite ovu informaciju kako bi vam pomogla da dobijete ono što trebate i nemojte ju naglašavati.

Svaki vaš poslovni izbor trebao bi se odnositi na Kraljevstvo Nas. Ako to nije slučaj, tada prekidate razinu rasta i promjene koja je moguća te ograničavate primanje od drugih ljudi.

Stvarna moć Kraljevstva Nas je sposobnost biranja onoga što odgovara vama i svima drugima.

Poglavlje 24:

BUDITE SVOJI I PROMIJENITE SVIJET

Mnogi ljudi poslovanje smatraju ozbiljnom temom. Ulazeći u prostoriju gdje ću voditi tečaj Radost poslovanja često primijetim kako su svi formalni i ozbiljni. Kao da kažu: „Mi ćemo sada pričati o poslu. To je ozbiljna stvar. Što ćemo raditi? Plan poslovanja? Financije? Što će se ovdje događati?" Njihov stav prema poslovanju otežava tu tematiku. Oni kreiraju zgrčeni, čvrsti prostor za poslovanje, umjesto laganog, radosnog prostora. Oko posla generiraju traumu i dramu kako bi ga osjećali „stvarnijim". Možda vjeruju da nešto lagano i bez čvrstine nema vrijednosti. To ne može biti zabavno, zar ne? (Može!)

Gdje god niste bili voljni da vaše poslovanje bude lagano i zabavno i radosno, istina, hoćete li to uništiti i dekreirati, bezbroj puta? Right and wrong, good and bad, POD and POC, all nine, shorts, boys and beyonds.

Biti svoj

Jedan od najboljih načina da vaše poslovanje bude radosno i zabavno, da se istaknete iz gomile i postanete ludo uspješni jest da budete svoji. Biti svoj znači imati svoju stvarnost, bez obzira kako izgledala. To znači ne povoditi se ni za čijim gledištem. Kad ljudi kreiraju i generiraju posao, često referenciraju ono što su drugi ljudi radili u sličnim poslovima. Umjesto da se drže onoga što sami znaju, oni gledaju što je već ranije učinjeno, što je bilo uspješno, a što je propalo.

Naš pristup poslovanju u Dobrim vibrama za vas ne ide za idejom da moramo raditi ono što svi drugi rade, a način na koji smo kreirali našu flaširanu vodu primjer je onoga što se može dogoditi kada generirate i kreirate posao na temelju onoga što sami znate. Nedavno smo poslali prijedlog vladi Queenslanda. Gradili su eko-sela i trebao im je opskrbljivač vodom. Prvo su se obratili jednoj većoj kompaniji, ali kompanija nije htjela potpisati sporazum u kojem je navedeno da su neškodljivi za okoliš te je vlada Queenslanda pozvala i druge kompanije da podnesu prijedloge. Mi smo dali prijedlog koji je sadržavao pitanje: „Što planet od vas traži?".

Kad smo otišli na sastanak s predstavnikom eko-sela, on je pogledao našu poslovnu ponudu i zatim upitao: „Hoćete li me pričekati na trenutak? Želim ovaj prijedlog pokazati ostalima u odboru." Nešto kasnije predstavnik se vratio i rekao: „Upravo sam se sastao s odborom. Još nikada nismo sreli kompaniju koja je postavila pitanje poput: „Što planet od vas traži?" Želimo surađivati s vašom kompanijom. Možete li potpisati ovaj sporazum? Isplatit ćemo vas u 14 dana."

Kad smo to pitanje upisali u naš prijedlog, bili smo voljni izgledati ludo i drugačije i ne dobiti posao. Izabrali smo biti svoji bez obzira na ishod i to nam je zapravo pribavilo taj ugovor. Ne pokušavamo raditi istu stvar kao svi ostali. Mi smo ono što jesmo i to nam odgovara.

> *Budite svoji i promijenite svijet.*
> *Budite svoji i proširite svoje poslovanje.*
> *Budite svoji i imajte novca.*
> *Zapamtite: novac slijedi radost, radost ne slijedi novac.*

Što ako izgubite svoje pamćenje??

Kreirajte i generirajte svoje poslovanje kako bi bilo ono što biste htjeli. Ne obazirite se na ono što je netko drugi radio – čak ni na ono što ste i sami u prošlosti radili. Nije bitno što je vaša obitelj radila. Nije bitno što su drugi ljudi u vašoj branši radili. Samo vi možete raditi ono što radite. Možda prodajete isti proizvod kao i netko drugi, ali kada ste svoji, tada oko svoga proizvoda kreirate energiju koja stvara veliku razliku. Vi ste nevjerojatni: vi ste jedinstveni u svijetu. Imate dar za svijet. To je: „Budite svoji i promijenite svijet". A ne: „Budite kao netko drugi i promijenite svijet!" Ne obavljajte svoj posao kao što to svi ostali rade.

Što ako biste posao obavljali na način kao nitko drugi?

Ne dopustite da vas itko ikada zaustavi

Ranije sam spomenula britanskog poduzetnika Richarda Bransona koji posjeduje Virgin Atlantic Airways i mnoštvo drugih kompanija. Jedna od njegovih posljednjih kompanija je Virgin Galactic koja planira povesti klijente u svemir. Branson je u školi bio disleksičan. Imao je loše ocjene te nije išao na fakultet. Kao dječak, običavao je govoriti: „Ja ću povesti ljude na Mjesec." Zamislite što su svi o tome mislili. A sad on ima rakete! Njegova filozofija je: „Nikada nikome nemojte dopustiti da vas zaustavi." Što bi bilo da je Richard Branson dobio „pravi" posao jer su mu tako rekli njegovi prijatelji i obitelj? Branson je snažno utjecao na naš svijet i da je nastojao poslovati poput svih drugih, svijet bi izgledao sasvim drugačije od ovoga danas.

Ovo je istinito za sve nas. Da Gary Douglas nije bio voljan biti tako čudan i divan kao što jest, bez obzira na sve, svijet bi danas puno drugačije izgledao. Da ja nisam bila voljna otići u San Francisco i otkriti Access Consciousness, svijet bi drugačije izgledao. Da moj prijatelj dr. Dain Heer nije bio voljan odustati od ogromne investicije koju je uložio u svoju karijeru kiropraktičara i krenuti u nešto što je energetski bilo njemu puno sličnije i istinski dar za sve, svijet bi danas izgledao puno drugačije.?

Što je to što vi odbijate biti, a što bi kreiralo promjenu u svijetu za koju znate da je moguća? Zamislite utjecaj kojega biste na svijet mogli imati kad biste bili voljni biti svoji, slijediti energiju i otvoriti vrata ka onome što je moguće?

Gdje god niste bili voljni priznati svoju različitost i koliko mnogo možete generirati i sve ono što možete činiti, biti, imati, kreirati i generirati, hoćete li to uništiti i dekreirati bezbroj puta? Right and wrong, good and bad, POD and POC, all nine, shorts, boys and beyonds.

Sve je moguće.
Jedina stvar koja vas zaustavlja ste VI!

EPILOG

Jednom je netko upitao Garyja Douglasa koja je njegova definicija poslovanja. On je odgovorio: „Poslovanje je radost kreacije onoga što vam širi život donoseći vam novac." Kako može biti još bolje od toga? Radost kreiranja onoga što vam ekspandira život kroz ono što vam donosi novac!

Što je za vas radost koja vam ekspandira život i mogla bi vam donijeti novac? Da li to zapravo kreirate i generirate, koliko god bilo „ludo"? Ako mislite da imate ideju, a nitko drugi to ne radi, znate što? To je vjerojatno izvrsna ideja!

Riječi ne mogu opisati nevjerojatno divljenje, zahvalnost i poštovanje koje imam za Garyja Douglasa i dr. Daina Heera. Toliko sam zahvalna na njihovim metama kojima kreiraju i generiraju više svjesnosti i svijesti na planetu, neovisno o ulogu i neovisno o tome kako sve to izgleda.

Ja sam unutra. A vi?

197

RJEČNIK

Bivanje

U Access Consciousnessu riječ bivanje koristi se kako bi se uputilo na vas, beskonačno biće koje uistinu jeste, nasuprot vašem izmišljenom gledištu o tome tko ste.

Izjava brisanja

Izjava brisanja koju u Access Consciousnessu koristimo je: Right and wrong, good and bad, POD and POC, all 9, shorts boys, and beyonds.®

Right & Wrong, Good & Bad je kratica za: Što je ispravno, dobro, savršeno i točno u vezi ovoga? Što je krivo, loše, užasno, zlo, pokvareno i strašno u vezi ovoga? Što ste odlučili da je pravo i krivo, dobro i loše?

POD (point of destruction) predstavlja točku destrukcije koja je neposredno prethodila nekoj vašoj odluci.

POC (point of creation)) je točka kreacije misli, osjećaja i emocija koja je neposredno prethodila nekojoj vašoj odluci. Ponekad, umjesto da kažemo: koristi izjavu brisanja, samo kažemo: „POD and POC-aj to".

All 9 predstavlja 9 slojeva smeća koje izvlačimo. Znate da u tih devet slojeva negdje mora biti nagrada jer bilo bi nemoguće naslagati toliko smeća na jednu hrpu a da negdje nema nagrade. To je smeće koje sami generirate.

Shorts je kratka verzija sljedećeg: što je značajno u vezi ovoga? Što je beznačajno u vezi ovoga? Što je kazna za ovo? Što je nagrada za ovo?

Boys predstavlja ujezgrene kugle. Jeste li ikada vidjeli jednu od onih dječjih puhalica za balone od sapunice? Pušete i stvarate gomilu mjehurića? Sve dok pušete mjehurići će se i dalje praviti. One su takve. Izgleda kao da ih nikada ne možete svih ispuhati.

Beyonds su osjećaji ili senzacije koje zaustavljaju srce, od kojih staje dah ili zaustavljaju našu spremnost gledanja u mogućnosti. Kad ste u poslovanju duboko u crvenoj zoni, a stigne vam ovrha i vi izgubite dah! Niste to sad očekivali. To je beyond.

(Većina informacija o izjavi brisanja preuzeta je iz knjige „*Pravo bogatstvo za vas*", jednoj od mnogih sjajnih knjiga Garyja M. Douglasa i dr. Daina Heera.)

O AUTORICI

Australka Simone Milasas je dinamična liderica koja čini razliku. Ona je svjetska koordinatorica Access Consciousnessa (www.access-consciousness.com), osnivačica Good Vibes for You (www.goodvibesforyou.com) i kreativna je iskra Radosti poslovanja (www.accessjoyofbusiness.com).

Od rane mladosti Simone je u poslovanju i svemu povezanim s poslom djelovala iz potpuno drugačije pozicije: ona to stvarno voli. Zapravo, za nju je to više od ljubavi, ona zapravo djeluje iz RADOSTI poslovanja.

Simone uživa u ekspanziji i generiranju poduzeća, velikih i malih, i bila je značajna u vodećim grupama svih veličina tijekom evolucije projekta. Od rađanja ideje, preko implementacije, održavanja i savladavanja prepreka, Simone uspijeva naći lakoću, radost i slavlje u svemu tome.

Razlika koju ona unosi u posao je njezina spremnost da stalno postavlja pitanja, gleda na sve drugačije, doprinosi suradnicima i stalno iznova bira. Njezinim riječima: „Poslovanje je jedno od područja života gdje stalno postavljam pitanja i nikada ne pretpostavljam da imam odgovor. Uvijek sam spremna da mi se situacije pokažu na različit način i da mijenjam sve što nije djelotvorno. Za mene je to avantura koja poslovanje može biti."

Kao direktorica i osoba koja doprinosi nekolicini kompanija, Simone nastavlja širiti svoju svjesnost poslovanja i razvija alate i tehnike koje vas osnažuju kako biste imali drugačiju realnost sa svojim poslom. S tom metom, Simone je radila s ljudima kako bi ubrizgala potpuno novu energiju u ono što rade. Kroz Radost poslovanja Simone pokazuje načine kako kreirati poslovanje izvan onoga što nam ova realnost kaže da je moguće i pruža dinamički djelotvorne alate za kreiranje onoga što znate da je za vaše poslovanje moguće.

www.ingramcontent.com/pod-product-compliance
Lightning Source LLC
Chambersburg PA
CBHW011801190326
41518CB00017B/2562